MINISTÈRE DE L'AGRICULTURE ET DU COMMERCE.

DOCUMENTS

SUR

LA PESTE BOVINE.

PARIS.

IMPRIMERIE NATIONALE.

M DCCC LXXII.

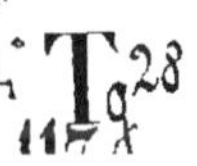

MINISTÈRE DE L'AGRICULTURE ET DU COMMERCE.

DOCUMENTS.

SUR

LA PESTE BOVINE.

PARIS.

IMPRIMERIE NATIONALE.

M DCCC LXXII.

INDEX.

DOCUMENTS

SUR

LA PESTE BOVINE.

La dernière invasion de la peste bovine a démontré la nécessité de refondre la législation sanitaire. Les premières sources de cette législation se trouvent dans un arrêt du Conseil d'État du Roi du 16 avril 1714. La plupart des diverses mesures appliquées encore aujourd'hui furent successivement prescrites par des actes émanant de l'autorité royale auxquels, d'ailleurs, le Code pénal a laissé force de loi. De nos jours, le pouvoir législatif n'est intervenu qu'une seule fois, non pour instituer de nouveaux règlements de police, mais seulement pour augmenter l'indemnité accordée en cas d'abatage, fixée par l'arrêt du 18 décembre 1774 au tiers de la valeur des animaux abattus.

Toute la législation sanitaire est écrite dans notre droit ancien. Le droit moderne, non-seulement n'a rien innové, mais a laissé subsister les actes antérieurs dans la forme qu'ils avaient reçue primitivement. Il est remarquable que, dans cette série d'arrêts, la maladie du bétail à laquelle ils s'appliquent ne soit jamais dénommée. A n'en pas douter, c'est contre la maladie désignée dans les temps modernes sous le nom de typhus contagieux des bêtes à cornes, et plus récemment sous celui de peste bovine, qu'ils ont été rendus. La tradition et la relation de Vicq d'Azyr sur la grande épizootie de 1774-1775, en faisant connaître l'origine du mal et la nature de ses effets, suffiraient, au besoin, pour assigner au fléau son véritable caractère. Toutefois, quelques-uns des anciens arrêts ont eu également en vue des maladies autres que la peste bovine. De là l'apparente contradiction qui existe quelquefois dans les dispositions prescrites. Il peut en résulter une hésitation et un embarras toujours fâcheux dans la constatation des infractions ainsi que dans l'application des pénalités.

On voit que la législation sanitaire du bétail manque, dans une certaine mesure, d'unité et de précision. En outre, le développement des relations commerciales, la facilité des communications et la circulation rapide du bétail doivent entraîner des modifications nombreuses à cette législation. Il devient donc indispensable de la reviser, de la refondre, de la mettre enfin en harmonie avec l'état actuel de la science vétérinaire et les transformations que le temps a opérées en toutes choses.

Les divers documents relatifs à la peste bovine et en général à toutes les maladies épizootiques ont été réunis par ordre de date dans cette brochure, afin de faciliter l'étude et la comparaison des dispositions qu'ils contiennent, et de permettre de faire choix de celles qui devront trouver place dans la législation nouvelle. On a ajouté comme annexe les articles du Code pénal ayant trait à la police sanitaire en ce qui concerne le bétail, ainsi que quelques documents administratifs qu'il pourra être également utile de consulter.

DOCUMENTS ANCIENS.

Arrêt du Conseil d'État du Roi.

Du 16 Avril 1714.

Le Roi ayant été informé que, dans les lieux du royaume où les bestiaux sont attaqués de maladie, la plupart des propriétaires abandonnent dans la campagne et sur les chemins ceux qui meurent, après en avoir fait arracher et enlever les peaux, et Sa Majesté voulant prévenir le mal qui pourrait en arriver, ouï le rapport du sieur Desmarest, conseiller ordinaire au Conseil royal, contrôleur général des finances, Sa Majesté étant en son Conseil, a ordonné et ordonne que tous les propriétaires de *bœufs, vaches, moutons, brebis et agneaux, chèvres, boucs et autres bestiaux* qui viendront à mourir, soit dans leur maison ou à la campagne, seront tenus de les faire mettre sur-le-champ dans la terre jusqu'à *trois pieds de profondeur, sans pouvoir en prendre ni en lever les peaux, sous quelque prétexte que ce soit,* le tout à peine de cent livres d'amende pour chaque contravention, applicable moitié au dénonciateur, et l'autre au profit de l'hôpital le plus prochain, et de peine afflictive en cas de récidive, sans préjudice de l'amende, qui sera de deux cents livres, applicable comme ci-dessus; enjoint Sa Majesté aux sieurs intendants et commissaires départis dans les provinces et généralités du royaume, et à tous officiers royaux ou autres, de tenir la main à l'exécution du présent arrêt.

Fait au Conseil d'État du Roi, Sa Majesté y étant, tenu à Versailles, le dixième jour d'avril mil sept cent quatorze.

Signé PHELYPEAUX.

ORDONNANCE DU ROI concernant les précautions à prendre sur les frontières, à l'occasion des maladies contagieuses qui se sont répandues dans une partie de la Hongrie et provinces voisines.

Du 6 Janvier 1739.

Sa Majesté étant informée que les maladies contagieuses qui se sont répandues dans une partie de la Hongrie et provinces voisines ne sont pas encore cessées, elle a jugé nécessaire de prendre les précautions qu'exige la sûreté et la conservation de ses sujets, en les préservant, autant que possible, de toute communication suspecte ; et en conséquence elle a ordonné et ordonne ce qui suit :

ART. 1er. Tout commerce et négoce de bestiaux et marchandises, de quelque espèce que ce soit, venant desdits pays ou qui y auront passé, sera et demeurera interdit et suspendu, jusqu'à ce qu'autrement par Sa Majesté ait été ordonné, sans que, sous quelque prétexte que ce soit, ils puissent être reçus dans le royaume.

2. Pour prévenir les inconvénients que cette interdiction pourrait occasionner dans le commerce d'entre les sujets de Sa Majesté et ceux des pays où la santé des bestiaux n'est point altérée, veut Sa Majesté que les négociants, commerçants, voituriers et autres qui voudraient faire entrer des marchandises d'Allemagne et pays en dépendant, autres que ceux qui sont attaqués de la contagion, soient tenus de rapporter des certificats de santé, expédiés en bonne et due forme par les magistrats du lieu d'où lesdits bestiaux seront partis et où lesdites marchandises auront été fabriquées ; lesquels certificats seront présentés, à l'entrée du royaume, aux commandants ou magistrats, pour être par eux visés ; à faute de quoi, il ne leur sera pas permis de continuer leur route.

3. Aucun voyageur, passager ou autre venant d'Allemagne ne sera pareillement admis à entrer dans le royaume sans un pareil cer-

tificat de santé; visé des commandants ou magistrats de la première ville de la frontière qui se trouvera sur leur route.

4. Ces précautions seront exactement observées en Flandre, en Hainaut, dans les évêchés, sur la frontière de la Champagne, en Alsace, en Comté, en Bresse, Bugey, Valromey et pays de Gex, en Dauphiné et en Provence, sans qu'aucun marchand, voiturier ou voyageur, venant directement ou indirectement d'Allemagne, puisse être dispensé de rapporter lesdits certificats; voulant Sa Majesté que ceux qui n'en seront pas munis soient obligés de rétrograder comme suspects.

5. Quant aux officiers qui ont fait la dernière campagne en Hongrie, et qui ont fait depuis une quarantaine en pays non suspects, Sa Majesté trouve bon qu'en rapportant un certificat authentique des magistrats du lieu où ils auront fait ladite quarantaine, l'entrée du royaume leur soit permise.

Mande et ordonne Sa Majesté, à tous gouverneurs et ses lieutenants généraux en ses provinces frontières, aux gouverneurs et commandants de ses villes et places, intendants et commissaires départis pour l'exécution de ses ordres en sesdites provinces, commissaires ordinaires de ses guerres, bourgmestres, mayeurs, échevins et gens de loi, commis et gardes établis sur les ponts, ports, péages et passages, et tous autres, ses officiers et sujets qu'il appartiendra, de s'employer et tenir la main à l'exacte observation de la présente, laquelle Sa Majesté veut être lue, publiée et affichée partout où il appartiendra, à ce qu'aucun n'en prétende cause d'ignorance.

Fait à Versailles, le six janvier mil sept cent trente-neuf.

Signé LOUIS.

Et plus bas :

BAUYN.

Arrét de la Cour du Parlement.

Du 24 Mars 1745.

Vu par la Cour la requète à elle présentée par le procureur général du Roi, contenant qu'ayant eu avis de quelques provinces du
ressort de la Cour que plusieurs bœufs et plusieurs vaches avaient
été attaqués de maladies qui paraissaient être dangereuses, il avait
écrit sur les lieux pour en être particulièrement informé; que, par
les éclaircissements qu'il avait eus, il paraissait que la maladie se
communiquait par le défaut de séparation des bestiaux sains d'avec
les malades, et par la facilité qu'on avait de vendre, dans les foires
et marchés, des bestiaux attaqués de la maladie; que si on avait la
consolation de voir que non-seulement cette mortalité n'avait procuré
aucune maladie dans le peuple d'aucune de ces provinces, mais même
qu'elle n'était répandue que sur les bœufs, les vaches et les veaux, à
la différence de celle qui survint en 1714, qui attaqua, dans toute
l'étendue du royaume, les bètes à cornes, les chevaux et les moutons,
il semblait néanmoins que la crainte de la diminution des bestiaux,
qui pourrait entrainer celle du lait, du beurre et du fromage, ne
devait rien faire négliger pour prévenir les progrès d'un mal qui
pourrait avoir de fâcheuses suites, surtout dans un temps si proche
des marchés et des foires qui doivent se tenir incessamment pour la
vente des bœufs destinés, après le carême, à l'approvisionnement de
cette ville; que c'est ce qui l'engage à proposer à la Cour quelques
articles de règlement qui sont presque entièrement copiés sur ceux
que la sagesse et la prudence de la Cour renferma dans les deux
arrêts de règlement des 21 avril et 1er août 1714; à ces causes, il
plut à ladite Cour y pourvoir suivant les conclusions par lui prises
par ladite requête, signée de lui procureur général du Roi. Ouï le
rapport de Me Élie Bachard, conseiller; la matière mise en délibé-
ration :

La Cour, faisant droit sur la requête du procureur général, ordonne :

ART. 1er. Que, dans les lieux où la maladie des bœufs, vaches et veaux a commencé de se faire sentir, les officiers, soit du Roi, soit des sieurs hauts justiciers auxquels la police appartient, chacun dans leur territoire, même les syndics des communautés, en cas d'absence desdits officiers, seront tenus de prendre des déclarations exactes des bœufs, vaches et veaux de chaque particulier, de les faire visiter par des personnes à ce intelligentes, deux fois la semaine au moins, le tout sans frais, pour connaître s'il n'y a point de bêtes infectées de la maladie; enjoint à tous ceux qui auront du bétail malade de le déclarer incontinent auxdits officiers, à peine de cent livres d'amende contre chaque contrevenant; pour être les bêtes malades séparées de celles qui seront saines, et mises dans d'autres écuries, étables ou autres lieux; qu'en cas que le bétail malade puisse être conduit au pâturage, il soit mis à la garde d'un pasteur qui sera choisi par la communauté, et qui ne pourra conduire le bétail que dans les cantons et lieux qui seront indiqués par lesdits officiers, à peine de punition corporelle et de tous dommages et intérêts dont la communauté demeurera responsable.

2. Fait défenses aux communautés qui ont droit de parcours ou d'usage sur les territoires voisins, de les exercer dès le moment qu'il y aura dans ladite communauté des bêtes atteintes de maladie, à peine, pour les habitants des communautés contrevenantes, de répondre solidairement de tous dommages et intérêts dont la communauté demeurera responsable.

3. Fait pareillement défense à toutes personnes de conduire des bœufs, vaches et veaux des bailliages et lieux où la maladie est répandue, pour les vendre dans d'autres bailliages et lieux; à cet effet, ordonne que lesdits bœufs, vaches et veaux ne puissent être vendus qu'après que ceux qui les conduisent auront préalablement représenté aux juges des lieux où la vente en sera faite un certificat du

lieu d'où lesdits bœufs, vaches et veaux auront été amenés, portant qu'il n'y a point de maladies dans ledit lieu sur lesdits bestiaux, ni à trois lieues au moins à la ronde; lequel certificat sera visé par ledit juge, sans frais; le tout à peine de trois cents livres d'amende pour chaque contravention, même de confiscation des bestiaux, s'il y échet.

4. Fait pareillement défenses à toutes personnes, sous les mêmes peines, d'exposer en vente, dans les foires et marchés, aucuns bœufs, vaches et veaux, même aux bouchers de tuer et débiter lesdits bœufs, vaches et veaux, qu'après qu'ils auront été vus et visités par personnes à ce intelligentes, nommées par lesdits officiers, et ce (à l'égard des bestiaux qui seront exposés en vente dans les foires et marchés) avant que lesdits bestiaux puissent être amenés dans le lieu de la foire ou du marché, pour savoir s'ils ne sont pas attaqués de maladie ou même suspects d'en être attaqués, et être, ceux qui se trouveront en cet état, renvoyés sur-le-champ dans les lieux d'où ils auront été amenés; que les bestiaux qui seront jugés sains ne puissent être mêlés avec ceux de celui qui les aura achetés, ou autres habitants des lieux où ils seront vendus, qu'après en avoir été tenus séparés au moins pendant huit jours, à peine de cent livres d'amende pour chaque contravention.

5. Ordonne qu'aussitôt que les bêtes infectées seront mortes, les propriétaires et fermiers seront tenus de les enterrer avec leur peau, lesdites bêtes préalablement coupées par quartiers, dans des fosses de huit à dix pieds de profondeur pour chaque bête, de jeter dessus lesdites bêtes de la chaux vive et de recouvrir exactement ladite fosse jusqu'au niveau du terrain; enjoint auxdits officiers, en leur absence, de leur faire fournir les charrettes, chevaux, harnois, civières ou traîneaux, même les manouvriers dont ils auront besoin, sans qu'on puisse traîner lesdites bêtes, mais les porter aux fosses dans lesquelles elles seront jetées; le tout à peine de cinquante livres d'amende contre ceux qui auront refusé leurs charrettes, harnois, civières ou traîneaux, ou leurs services, pour enterrer promptement lesdites bêtes

mortes de maladie. Fait défenses à toutes personnes de laisser dans les bois lesdites bêtes mortes, les jeter dans les rivières, ni les exposer à la voirie, même de les enterrer dans les écuries, cours, jardins et ailleurs que hors l'enceinte des villes, bourgs, villages, à peine de trois cents livres d'amende et de tous dommages et intérêts.

6. Fait défenses à toutes personnes de tirer des fosses les bêtes, soit entières ou par parties, sous quelque prétexte que ce puisse être, et aux tanneurs ou autres d'en vendre ou acheter les peaux, à peine de trois cents livres d'amende, même de punition corporelle.

7. Ordonne que les amendes qui seront encourues pour contravention à l'exécution du présent arrêt seront appliquées : un tiers au dénonciateur, un tiers au haut justicier et un tiers aux pauvres du lieu, et ne puissent être réputées comminatoires, ni être remises ou modérées par les juges, sous quelque prétexte que ce puisse être.

8. Que les jugements qui seront rendus en conséquence du présent arrêt et pour prévenir la mortalité du bétail seront exécutés par provision, nonobstant toutes oppositions, appellations, prises à partie et empêchements quelconques, et sans y préjudicier.

9. Et que le présent arrêt sera lu, publié et enregistré dans tous les bailliages et sénéchaussées de ladite Cour; enjoint aux substituts du procureur général du Roi d'y tenir la main, d'en envoyer des copies dans les justices de leur ressort, pour y être pareillement lu, publié ou affiché partout où besoin sera, à ce que personne n'en ignore, et d'en certifier la Cour dans le mois.

Fait en Parlement, le 24 mars 1745.

Signé DUFRAUC.

Arrêt du Conseil qui indique les précautions à prendre contre la maladie épidémique sur les bestiaux.

Du 19 Juillet 1746.

Le Roi, étant informé que la maladie épidémique sur les bœufs et sur les vaches qui, depuis quelque temps, s'était ralentie, se fait sentir de nouveau dans quelques provinces du royaume, qu'il y a lieu de penser qu'elle s'y est communiquée, soit parce que les propriétaires de bestiaux, dans la crainte de voir périr chez eux ceux de leurs bestiaux dont l'état était suspect, se sont déterminés à les donner à des prix médiocres et les ont fait conduire, à cet effet, à des foires et marchés, dans des lieux où la maladie n'avait point encore pénétré ; soit parce que ceux qui font le commerce des bestiaux, voulant, par une avidité condamnable, profiter de l'inquiétude desdits propriétaires, ont acheté leurs bestiaux·à des prix extrêmement bas et les ont revendus par préférence à ceux qui venaient des cantons non suspects, en les donnant à des prix inférieurs, ce qui, dans l'un et l'autre cas, a porté la maladie dans les lieux où lesdits bestiaux ont été conduits, en sorte qu'elle pourrait s'étendre successivement dans les endroits qui jusqu'à présent en ont été préservés, s'il n'y était pourvu par des dispositions capables de remédier à un abus si préjudiciable au bien public et à l'intérêt de chaque province en particulier ; et l'expérience ayant fait connaître que le moyen le plus assuré pour empêcher le progrès de cette maladie est d'empêcher toute communication des bestiaux qui en sont attaqués avec ceux qui ne le sont pas, comme aussi que les bestiaux d'un lieu où la maladie s'est fait sentir ne soient conduits dans un lieu où elle n'a pas pénétré ; Sa Majesté, voulant sur ce expliquer ses intentions ; ouï le rapport du sieur Machault, conseiller ordinaire au Conseil royal, contrôleur général des finances, le Roi étant en son Conseil, a ordonné et ordonne ce qui suit :

Art. 1er. Tous les propriétaires de bêtes à cornes, habitant dans les villes ou paroisses de la campagne, dont les bestiaux seront malades ou soupçonnés de maladie, seront tenus d'en avertir, dans le moment, le principal officier de police de la ville ou le syndic de la paroisse dans laquelle ils habitent, sous peine de cent livres d'amende, à l'effet, par ledit officier de police ou syndic, de faire marquer en sa présence lesdits bestiaux malades ou soupçonnés, avec un fer chaud, d'une marque portant la lettre M, et de constater que lesdites bêtes malades ou soupçonnées de maladie ont été séparées des bestiaux sains et renfermées dans des endroits d'où elles ne puissent communiquer avec lesdits bestiaux sains de la même ville ou paroisse.

2. Ne pourront lesdits propriétaires, sous quelque prétexte que ce soit, faire conduire dans les pâturages ni abreuvoirs lesdits bestiaux attaqués ou soupçonnés de maladie, et seront tenus de les nourrir dans les lieux où ils auront été renfermés, sous peine de cent livres d'amende.

3. Les syndics des paroisses dans lesquelles il y aura des bestiaux malades ou soupçonnés de maladie seront tenus, sous peine de cinquante livres d'amende, d'en avertir, dans le jour, le subdélégué du département, et de lui déclarer le nombre des bestiaux qui seront malades ou soupçonnés, et qu'ils auront fait marquer, le nom des propriétaires auxquels ils appartiennent, et s'ils ont été avertis par lesdits propriétaires ou par d'autres particuliers de ladite paroisse; veut Sa Majesté qu'au dernier cas le tiers des amendes qui seront prononcées contre lesdits propriétaires, faute de déclaration, appartienne à ceux qui auront donné le premier avis, soit au principal officier de police dans les villes, soit aux syndics des paroisses dans les campagnes.

4. Le subdélégué, conformément aux ordres et instructions qu'il aura reçus du sieur intendant de la province, et les officiers de police dans les villes, tiendront la main, non-seulement pour empêcher que les bestiaux malades ou soupçonnés n'aient aucune communica-

tion avec les bestiaux sains de la même ville ou paroisse, mais encore pour empêcher que tous les bestiaux, soit malades, soit soupçonnés, soit sains, du lieu où la maladie se sera manifestée, n'aient aucune communication avec ceux des villes ou paroisses voisines.

5. Fait Sa Majesté très-expresses inhibitions et défenses aux habitants des villes ou des paroisses de la campagne dans lesquelles la maladie se sera manifestée, de vendre aucun bœuf, vache ou veau, et à tous autres particuliers des autres paroisses ou étrangers d'en acheter, sous peine de cent livres d'amende, tant contre le vendeur que contre l'acheteur, par chaque tête de bétail vendue ou achetée en contravention de la présente disposition, sans préjudice néanmoins de ce qui sera réglé par l'article 8 ci-après.

6. Fait pareillement Sa Majesté défenses à tous particuliers, soit propriétaires de bêtes à cornes ou autres, de conduire aucuns des bestiaux sains ou malades, des villes ou paroisses de la campagne où la maladie se sera manifestée, dans aucunes foires ou marchés, et ce sous peine de cinq cents livres d'amende pour chaque contravention; de laquelle amende les propriétaires desdits bestiaux, qui pourraient se servir d'étrangers pour les conduire auxdites foires et marchés, seront responsables en leur propre et privé nom.

7. Permet Sa Majesté à tous particuliers qui rencontreront, soit dans les pâturages publics, soit aux abreuvoirs, soit sur les grands chemins, soit aux foires ou marchés, des bêtes à cornes marquées de la lettre M, de les conduire devant le plus prochain juge royal ou seigneurial, lequel les fera tuer sur-le-champ en sa présence.

8. Pourront néanmoins les propriétaires des bêtes à cornes qui auront des bestiaux sains et non soupçonnés de maladie, dans un lieu où quelques-uns des bestiaux auront été attaqués, vendre lesdits bestiaux sains et non soupçonnés de maladie, aux bouchers qui voudront les acheter, mais à la charge qu'ils seront tués dans les vingt-

quatre heures de la vente, sans que lesdits bouchers puissent, sous aucun prétexte, les garder plus longtemps, à peine, tant contre lesdits propriétaires que contre lesdits bouchers, de deux cents livres d'amende pour chaque contravention, pour raison de laquelle amende lesdits propriétaires et lesdits bouchers seront solidaires.

9. Seront, en outre, tenus lesdits bouchers qui, dans les lieux où il y aura des bestiaux malades ou soupçonnés, achèteront des bestiaux sains, de prendre un certificat des propriétaires desquels ils feront lesdits achats, lequel sera visé par l'officier de police de la ville, ou du syndic de la paroisse dans laquelle les achats auront été faits, et contiendra le nombre et la désignation des bestiaux qu'ils auront achetés, et qu'ils n'ont eu aucun symptôme de maladie; comme aussi de présenter lesdits certificats à l'officier de police de la ville ou au syndic de la paroisse dans laquelle ils conduiront lesdits bestiaux, à l'effet de constater que lesdits bestiaux seront tués dans les vingt-quatre heures du jour de l'achat; le tout sous la même peine, contre lesdits bouchers, de deux cents livres d'amende pour chaque contravention et par chaque tête de bétail qui n'aurait pas été tuée dans lesdites vingt-quatre heures de l'achat.

10. Si aucuns desdits bouchers, abusant de la faculté qui leur est accordée par les deux articles précédents, revendaient aucuns desdits bestiaux à telle personne que ce puisse être, veut Sa Majesté qu'ils soient condamnés à cinq cents livres d'amende par chaque tête de bétail; même qu'il soit procédé extraordinairement contre eux, pour, après l'instruction faite, être prononcée telle peine afflictive ou infamante qu'il appartiendra.

11. Les bouchers qui, pour s'approvisionner des bestiaux dont ils auraient besoin, en achèteraient dans les lieux où la maladie n'aura point encore pénétré, seront tenus de prendre un certificat de l'officier de police de la ville ou du syndic de la paroisse dans laquelle ils feront leurs achats, lequel certificat fera mention de l'état de la paroisse sur le fait de la maladie, et du nombre et désignation

des bestiaux qu'ils y auront achetés, comme aussi de représenter ledit certificat à l'officier de police de la ville ou au syndic de la paroisse de leur domicile, toutes fois et quantes ils en seront requis, pour justifier que lesdits bestiaux ont été achetés dans des lieux sains, et peuvent être conservés sans danger, sous peine de confiscation desdits bestiaux et de deux cents livres d'amende par chaque tête de bêtes à cornes.

12. Veut et entend pareillement Sa Majesté que tous les particuliers et habitants des villes ou des paroisses de la campagne où la maladie n'aura point pénétré, qui voudront conduire ou envoyer des bestiaux aux foires et marchés, pour y être vendus, soient tenus, sous peine de confiscation de leurs bestiaux et de deux cents livres d'amende par chaque tête de bêtes à cornes, de se munir d'un certificat de l'officier de police de ladite ville, ou du syndic de ladite paroisse, visé par le curé ou par un des officiers de justice; lequel certificat fera mention de l'état de ladite ville ou paroisse sur le fait de la maladie, et contiendra le nombre et la désignation desdits bestiaux, et sera ledit certificat représenté aux officiers de police, si aucuns y a, ou aux syndics des paroisses des lieux où se tiendront les foires et marchés, avant l'exposition desdits bestiaux en vente.

13. Fait Sa Majesté très-expresses inhibitions et défenses auxdits officiers de police et syndics des lieux et communautés où lesdites foires et marchés se tiendront, de permettre l'exposition desdits bestiaux, sans préalablement s'être assurés, par représentation desdits certificats, du lieu d'où ils viennent, et que la maladie n'y a point pénétré; à peine, contre les syndics des paroisses, de cent livres d'amende, et contre lesdits officiers de police, de destitution de leurs offices.

14. Si aucuns des officiers de police des villes et des syndics des paroisses de la campagne, dans les cas où il leur est enjoint par le présent arrêté de donner les certificats, en donnaient de contraires à la vérité, veut Sa Majesté qu'ils soient condamnés à mille livres d'a-

mende, même poursuivis extraordinairement, pour, après l'instruction faite, être prononcé contre eux telle peine afflictive ou infamante qu'il appartiendra.

15. Veut Sa Majesté que, dans tous les cas où les amendes prononcées par le présent arrêt seront encourues, les délinquants soient contraignables par corps au payement desdites amendes, et qu'ils tiennent prison jusqu'à parfait payement d'icelles.

16. Lesdites amendes seront remises au greffier de police pour les villes, et au greffier des subdélégations dans chaque département pour les paroisses de la campagne, pour être distribuées, savoir : un tiers en conformité et dans le cas porté par l'article 3 du présent arrêt, et le surplus ainsi qu'il sera ordonné par Sa Majesté, sur l'avis du lieutenant général de police de la ville de Paris, et des sieurs intendants dans les provinces. Enjoint Sa Majesté au sieur lieutenant général de police à Paris, et aux sieurs intendants et commissaires départis dans les provinces, de tenir la main à l'exécution du présent arrêt, qui sera lu, publié et affiché partout où besoin sera, à ce que personne n'en ignore, et exécuté, nonobstant oppositions ou autres empêchements quelconques, pour lesquels ne sera différé, et dont, si aucuns interviennent, Sa Majesté se réserve, et à son Conseil, la connaissance, icelle interdisant à toutes ses cours et autres juges.

Fait au Conseil d'État du Roi, Sa Majesté y étant, tenu à Versailles, le 19e jour de juillet 1746.

Signé PHELYPEAUX.

Arrêt du Conseil contenant des dispositions pour arrêter les progrès de la maladie épizootique sur les bestiaux, dans les provinces méridionales du royaume.

Du 18 Décembre 1774.

Le Roi, s'étant fait rendre compte de l'état et des progrès de la maladie contagieuse qui s'est répandue depuis plus de huit mois sur les bêtes à cornes, dans les généralités de Bayonne, d'Auch et de Bordeaux, et qui commence à se communiquer dans celles de Montauban et de Montpellier; informé, par les commandants et intendants desdites provinces, que la maladie se répand de plus en plus par la communication des bestiaux; qu'elle n'a épargné qu'un très-petit nombre d'animaux dans les villages où elle a pénétré; que tous les remèdes qui ont été tentés pour en arrêter les progrès, soit par les médecins du pays, soit par les élèves des écoles vétérinaires que Sa Majesté a fait passer dans lesdites provinces pour les secourir, n'ont eu, jusqu'à présent, que peu de succès, et qu'ils laissent peu d'espérance de pouvoir guérir les animaux infectés de cette contagion, qui s'annonce avec les caractères d'une maladie putride, inflammatoire et pestilentielle; qu'il est important et pressant de recourir aux moyens les plus efficaces pour empêcher que ce fléau, en continuant de s'étendre de proche en proche, ne se répande en peu de temps dans d'autres provinces du royaume; que, dans les États étrangers limitrophes qui ont été affectés de la même maladie pendant les années précédentes, on n'est parvenu à conserver la plus grande partie du bétail qu'en sacrifiant un petit nombre d'animaux malades, dès qu'ils ont eu les premiers symptômes de cette maladie; que ce parti, tout rigoureux qu'il est, est cependant le seul qui reste à prendre pour prévenir les progrès d'une contagion ruineuse pour les propriétaires des bestiaux, et destructive de l'agriculture dans les provinces exposées à ses ravages. Dans ces circonstances, ouï le rapport du sieur Turgot, conseiller ordinaire au Conseil royal, contrôleur général des finances, le Roi étant en son Conseil, en renouvelant les ordres les plus précis pour faire exécuter exactement, dans toutes les provinces infectées et dans celles qui sont limitrophes, l'arrêt du Conseil du 31 janvier 1771, a ordonné et ordonne ce qui suit :

Art. 1ᵉʳ. Toutes les villes, bourgs et villages voisins de ceux où la contagion est présentement établie seront visités par les artistes vétérinaires, les maréchaux ou autres experts qui auront été pour ce commis par les intendants desdites provinces, à l'effet de reconnaître et de constater l'état de santé et de maladie de toutes les bêtes à cornes dans lesdits villages et bourgs.

2. Dans les cas où quelques animaux se trouveraient attaqués de la maladie contagieuse annoncée par des symptômes non équivoques, il en sera dressé procès-verbal par lesdits artistes, maréchaux ou experts, en présence des syndics de la communauté dans lesdits villages, et en celle des officiers municipaux dans les villes ou dans leurs faubourgs, et il sera constaté, en même temps, par ledit procès-verbal ou par un acte de notoriété y joint, qu'aucun animal, dans ladite ville, bourg ou village, n'est mort précédemment de la contagion.

3. Aussitôt après la confection desdits procès-verbaux, lesdites bêtes malades seront tuées et ensuite enterrées avec leurs cuirs, jusqu'à concurrence des *dix premières seulement,* à la vigilance desdits syndics et officiers municipaux, dans chaque ville, bourg ou village où ladite contagion commence à se déclarer.

4. Les sieurs intendants et commissaires départis dans les provinces feront payer à chaque propriétaire le tiers de la valeur qu'auraient eu les propriétaires des animaux qui auront été sacrifiés, s'ils eussent été sains; et ce, sur l'estimation qui en sera faite par lesdits artistes, maréchaux et experts, à la suite de leursdits procès-ver-

baux; laquelle indemnité sera imputée sur les fonds à ce destinés par Sa Majesté.

5. Lesdits sieurs intendants enverront, à la fin de chaque mois, au sieur contrôleur général des finances, l'état des villes, bourgs et villages où la maladie aura pénétré, ensemble l'état du nombre et qualité des bêtes malades qui auront été tuées dans lesdits lieux de leur généralité, et des sommes qui leur auront été payées en indemnité, à raison du tiers de la valeur de chaque animal, ainsi que des autres dépenses nécessaires pour l'exécution du présent arrêt.

6. Fait Sa Majesté très-expresses inhibitions et défenses à tous propriétaires de bestiaux de cacher ou recéler aucune bête saine ou malade, lors des visites qui seront faites en exécution du présent arrêt, à peine de cinq cents livres d'amende, payable par corps, et sans pouvoir être modérée.

7. Enjoint Sa Majesté aux lieutenants et officiers de police dans les villes, aux sieurs intendants et commissaires départis, de tenir la main à l'exécution du présent arrêt, qui sera publié et affiché partout où besoin sera, et de rendre, à cet effet, toutes les ordonnances nécessaires, lesquelles seront exécutées, nonobstant oppositions ou appellations quelconques, Sa Majesté se réservant d'en connaître en son Conseil; et seront tenus les officiers et cavaliers de maréchaussée d'exécuter les ordres qui leur seront adressés par lesdits sieurs intendants, pour assurer l'exécution du présent arrêt.

Fait au Conseil d'État du Roi, Sa Majesté y étant, tenu à Versailles, le 18 décembre 1774.

Signé BERTIN.

ARRÊT du Conseil contenant des mesures contre les maladies épizooliques.

Versailles, le 30 Janvier 1775.

Le Roi étant informé que la maladie contagieuse sur les bètes à cornes continue ses ravages dans les provinces de Guyenne, de Navarre et de Béarn, et dans quelques autres provinces méridionales du royaume, s'est fait représenter l'arrêt rendu en son Conseil le 18 décembre 1774, qui ordonne de tuer, dans chacune des paroisses nouvellement attaquées de cette maladie, les dix premières bêtes qui tomberont malades seulement, et qui prescrit les formalités qui doivent être observeés dans ce cas; Sa Majesté a reconnu, par le compte qui lui a été rendu des observations faites par ses ordres dans ces provinces, que cette maladie ne se répand que par la communication des bestiaux entre eux, et par l'abus que peuvent faire des personnes imprudentes ou malintentionnées des cuirs des animaux malades et autres objets capables de répandre la contagion; elle a jugé qu'il était de sa prudence et de son amour pour ses peuples de prendre les mesures les plus certaines, non-seulement pour arrêter les progrès de cette maladie, mais pour en détruire, autant qu'il est possible, toutes les semences.

A quoi désirant pourvoir, ouï le rapport du sieur Turgot, etc.

Le Roi étant en son Conseil ordonne que l'arrêt du 18 décembre 1774 sera exécuté selon sa forme et teneur; et Sa Majesté l'interprétant, étendant ses dispositions en tant que de besoin, ordonne que tous les animaux qui seront reconnus malades de cette maladie seront tués sur-le-champ, et enterrés en suivant les précautions et les formalités ordonnées par ledit arrêt du 18 décembre 1774, aussitôt qu'on aura bien constaté les signes de l'épizootie. Veut Sa Majesté qu'il soit tenu compte au propriétaire du tiers de la valeur qu'ils auraient eue s'ils avaient été sains.

Ordonne que les cuirs desdits animaux, tués en conséquence du présent arrêt ou morts de leur mort naturelle, seront tailladés de manière qu'on ne puisse plus en faire usage; fait Sa Majesté très-expresses inhibitions et défenses à toutes personnes, sous quelque prétexte que ce puisse être, de conserver aucuns cuirs provenant d'animaux suspects de ladite maladie, de les préparer, transporter, vendre ou acheter, ainsi que les fumiers, râteliers, et autres choses à l'usage desdits animaux, et reconnus capables de porter la contagion, sous peine de cinq cents livres d'amende contre chacun des contrevenants. Enjoint Sa Majesté aux gouverneurs et commandants, et aux intendants et commissaires départis dans ses provinces, etc. etc.

Arrêt du Conseil contenant des mesures contre l'épizootie.

Fontainebleau, 1ᵉʳ Novembre 1775.

Sur le compte qui a été rendu au Roi, étant en son Conseil, des ravages que la maladie épizootique continue de faire dans les provinces méridionales, et des progrès qu'elle a continué de faire par la négligence des propriétaires de bestiaux à se conformer aux précautions ordonnées, Sa Majesté a jugé à propos de prendre de nouvelles mesures pour prévenir les suites funestes de cette négligence, et préserver ces provinces et tout son royaume des malheurs que cette contagion peut y occasionner. Rien ne lui a paru plus pressant que de faire connaître ses intentions sur l'autorité qui doit procéder à l'exécution de ses ordres; et comme les circonstances présentes sont hors de l'ordre commun, et que Sa Majesté espère que les mesures qu'elle prend les feront cesser dans peu de temps, elle a pensé qu'elle devait, tant que ces circonstances subsisteront, confier exclusivement l'exécution de ces mesures aux commandants et officiers de ses troupes et aux intendants et commissaires départis dans ses provinces. Quels que soient le zèle et l'activité, tant de ses cours de Parlement que de ses juges ordinaires, pour le bien de ses sujets, Sa Majesté a cru que le concours de plusieurs autorités sur un même objet pourrait porter du trouble et de la confusion dans le service et servir de prétexte à ceux qui voudraient se soustraire à ses ordres; Sa Majesté a aussi jugé à propos de faire connaître de nouveau ses intentions sur l'exécution des arrêts de son Conseil précédemment rendus, et de prescrire d'une manière précise les précautions qu'elle veut qui soient prises à l'avenir. A quoi voulant pourvoir, ouï le rapport du sieur Turgot, etc.

Art. 1ᵉʳ. Les commandants en chef, chargés des ordres du Roi pour l'extinction de l'épizootie, et les intendants et commissaires départis dans les provinces, ou ceux qui en seront chargés par eux, donneront seuls les ordres relatifs à cette opération importante; veut, en conséquence, Sa Majesté que, sans s'arrêter aux dispositions de sa cour de Parlement de Toulouse du 27 septembre dernier, ni à tous autres pareils qui auraient été rendus ou pourraient l'être à l'avenir, les officiers municipaux ou syndics de paroisses ne puissent assembler leurs communautés autrement que par les ordres desdits commandants en chef ou intendants; leur fait pareillement Sa Majesté très-expresses inhibitions et défenses de reconnaître pour ledit service aucune autre autorité.

2. Les arrêts du Conseil d'État du Roi des 18 décembre 1774 et 30 janvier dernier seront exécutés selon leur forme et teneur, concernant l'assommement des bestiaux dans les lieux où il sera ordonné, conformément aux instructions qui seront adressées par le Roi auxdits commandants et intendants, et aux ordres qu'ils donneront en conséquence.

3. Dans tous les lieux dans lesquels l'assommement des animaux malades aura été ordonné en vertu de ladite autorité, seront tenus tous propriétaires de bestiaux de dénoncer ceux qui seront tombés malades, dans les vingt-quatre heures du moment où les premiers symptômes se seront manifestés, sous peine de cinq cents livres d'amende; et il sera fait, par les troupes, des visites et perquisitions dans toutes les étables, écuries, granges et autres bâtiments, à l'effet de découvrir les contraventions.

4. Les animaux qui auront été dénoncés seront visités par experts; et, dans le cas où ils auraient été reconnus attaqués de la maladie épizootique, ils seront sur-le-champ assommés et enterrés, conformément aux arrêts du Conseil rendus et aux instructions imprimées et publiées sur cet objet, sans que les propriétaires puissent les conserver, sous le prétexte de les faire traiter par des méthodes dont l'expérience a démontré l'illusion, sans s'arrêter aux dispositions de l'arrêt du 2 septembre 1775, rendu par la cour du Parlement de

Toulouse, qui paraît autoriser ledit traitement, ni à tous autres arrêts rendus ou à rendre, dont les dispositions seraient contraires à celles du présent arrêt.

5. Il sera payé, par les ordres de l'intendant et du commissaire départis, à ceux dont les bestiaux auront été assommés, le tiers du prix desdits bestiaux, sur l'estimation qui en sera faite, conformément aux dispositions des arrêts du Conseil d'État du Roi, des 18 décembre 1774 et 30 janvier 1775, dans le cas seulement où la déclaration en aura été faite par le propriétaire dans le temps prescrit par l'article précédent; dans le cas où ladite dénonciation n'aurait pas été faite, lesdits propriétaires, outre l'amende à laquelle ils seront condamnés, seront privés de cette indemnité.

6. Dans le cas où la nécessité de conserver des provinces saines obligerait de faire passer les bestiaux sains ou malades d'un lieu dans un autre, il y sera procédé par les ordres du commandant en chef ou de l'intendant et commissaire départis; et il sera pris par ledit intendant les mesures nécessaires pour en assurer le prix aux propriétaires, dans le cas où lesdits animaux résisteraient à la contagion.

7. Fait Sa Majesté très-expresses inhibitions et défenses à tous propriétaires de bestiaux, de quelque qualité et conditions qu'ils soient, de faire refus d'exécuter ou de laisser exécuter les ordres du Roi qui leur seront notifiés par les officiers ou soldats, à peine de cinq cents livres d'amende, et, dans le cas de rébellion, à peine d'être poursuivis extraordinairement, selon la rigueur des ordonnances.

8. Il est pareillement fait défenses à tous propriétaires de bestiaux ou autres de conduire d'un lieu à un autre, ou de transporter des peaux ou des cuirs, ou autres matières capables de répandre la contagion, qu'ils ne soient porteurs de permissions par écrit des officiers qui commanderont dans le lieu, ni de contrevenir à aucune des ordonnances qui seront données et publiées par les commandants

ou intendants, sous peine de cinq cents livres d'amende, ou telle autre peine portée par lesdites ordonnances.

9. Sa Majesté attribue toute cour et juridiction en dernier ressort aux intendants et commissaires départis, pour prononcer les amendes qui seront encourues, même pour procéder extraordinairement contre ceux qui auront fait rébellion ; les autorisant Sa Majesté, pour les affaires criminelles, à prendre avec eux le nombre de gradués requis par les ordonnances, et de nommer telles personnes capables et qu'ils jugeront à propos pour remplir les fonctions de procureur du roi et de greffier ; les autorisant pareillement à subdéléguer pour rendre tous jugements d'instruction, même de règlement à l'extraordinaire et autres, en se conformant par eux aux règles et ordonnances du royaume sur la matière criminelle, et notamment à celle de 1670 ; et Sa Majesté interdit à toutes ses cours et autres juges la connaissance desdits cas, ainsi que de tous ceux relatifs aux précautions ordonnées pour arrêter les progrès de la contagion. Enjoint Sa Majesté aux commandants dans les provinces, commandants et officiers de ses troupes, aux intendants et commissaires départis, aux officiers et cavaliers de maréchaussée, etc.

Arrêt du Conseil du Roi pour prévenir les dangers des maladies des animaux, et particulièrement de la morve.

Du 16 Juillet 1784.

Le Roi étant informé des ravages qu'occasionnent sur les animaux, dans différentes provinces de son royaume, les maladies contagieuses dont ils sont attaqués, notamment celle de la *morve*, et considérant que cette maladie, contre laquelle on n'a trouvé jusqu'à présent aucun remède curatif, se communique, se propage et se perpétue par toutes sortes de voies; que l'écurie où un cheval atteint de la morve n'a fait que passer, les harnais et tout ce qui lui a servi reçoivent et communiquent ce vice épidémique, qui ne tarde pas à se développer; qu'une des causes principales de la contagion ne peut être attribuée qu'à la négligence et à un intérêt mal entendu des propriétaires, marchands de chevaux et de bestiaux, qui, au lieu de déclarer le mal dès son principe, cherchent à le déguiser, jusqu'à ce que les animaux qui en sont atteints soient absolument hors d'état de service; que des équarrisseurs et autres, après avoir acheté des chevaux et bêtes frappés de mal, sous prétexte de les guérir ou de les abattre, en font un trafic funeste, même dans la vente des parties mortes; Sa Majesté jugeant nécessaire de réprimer des abus aussi contraires à l'agriculture et au commerce, et voulant y pourvoir; ouï le rapport du sieur de Calonne, conseiller ordinaire au Conseil royal, contrôleur général des finances, le Roi, étant en son Conseil, a ordonné et ordonne ce qui suit :

Art. 1er. Toutes personnes, de quelque qualité et conditions qu'elles soient, qui auront des chevaux et bestiaux atteints ou soupçonnés de la *morve* ou de toute autre maladie contagieuse, telles que *le charbon, la gale, la clavelée, le farcin et la rage*, seront tenues, à peine de cinq cents francs d'amende, d'en faire sur-le-champ leur déclaration aux maires, échevins ou syndics des villes, bourgs et paroisses de leur résidence, pour être lesdits chevaux et bestiaux vus et visités sans délai, en la présence desdits officiers, par les experts vétérinaires les plus prochains, lesquels se transporteront à cet effet dans les écuries, étables et bergeries, pour reconnaître et constater exactement l'état des chevaux et animaux qui leur auront été déclarés.

2. Autorise Sa Majesté les sieurs intendants et commissaires départis dans les différentes provinces du royaume à nommer autant d'experts qu'ils le jugeront à propos pour lesdites visites, choisis par préférence parmi les *élèves des écoles vétérinaires;* à leur défaut, parmi les *maréchaux ou autres, qui auront des certificats d'étude et de capacité du directeur de l'école vétérinaire, ou qui auront subi un examen sur les demandes qui leur seront faites en présence dudit sieur commissaire par deux artistes vétérinaires du département.*

3. Seront tenus lesdits experts *de prêter leur ministère* toutes fois et quantes ils en seront requis par les officiers de *maréchaussée, sub-délégués, officiers municipaux et syndics,* pour examiner les chevaux et bestiaux suspects, comme aussi de se transporter à cet effet dans les marchés publics et dans les écuries des maîtres de postes, des entrepreneurs de messageries ou roulages et loueurs de chevaux, même aussi dans les écuries, étables et bergeries des particuliers, sur les déclarations et dénonciations de mal contagieux qui auraient été faites à leur égard, en se faisant toutefois, audit cas, *autoriser* par le juge du lieu, et *accompagner d'un officier municipal* ou *du syndic de la paroisse.* Fait défenses Sa Majesté à toutes personnes de refuser l'entrée de leurs écuries, étables et bergeries auxdits experts *ainsi assistés,* et d'apporter aucun obstacle à ce qu'il soit procédé, conformément à ce que dessus, auxdites visites, dont il sera dressé procès-verbal, lors duquel, en cas de difficultés, les parties intéressées pourront faire tels dires et réquisitions qu'elles aviseront, et il y sera statué, provisoirement et sans aucun délai, par le juge qui aura autorisé la visite.

4. Défenses sont faites à tous *maréchaux, bergers* et *autres* de *traiter* aucun animal attaqué de la maladie contagieuse et pestilentielle, *sans en avoir fait la déclaration aux officiers municipaux ou syndics de leur résidence*, lesquels en rendront compte sur-le-champ au subdélégué, qui fera appliquer sans délai sur le front de la bête malade un cachet en cire verte portant ces mots : *animal suspect*; pour, dès cet instant, être les chevaux ou autres animaux qui auront été ainsi marqués conduits et enfermés dans *des lieux séparés et isolés*. Fait pareillement défenses Sa Majesté à toutes personnes de les laisser communiquer avec d'autres animaux ni de les laisser vaguer dans des pâturages communs, le tout sous la même peine d'amende.

5. Les chevaux qui auront été attaqués de la *morve*, et les autres bestiaux dont *la maladie contagieuse aura été reconnue incurable par les experts*, seront abattus sans délai, ensuite *ouverts par lesdits experts*, lesquels appelleront à l'abatage et ouverture desdits animaux un officier municipal ou syndic, qui en dressera procès-verbal, pour être envoyé audit sieur commissaire départi ou à son subdélégué; et ce procès-verbal contiendra en détail le genre et le caractère de la maladie de l'animal, et les précautions pour éviter la contagion.

6. Les chevaux et bestiaux morts et abattus pour cause de morve ou de toute autre maladie contagieuse pestilentielle *seront enterrés* (*chair et ossements*) dans des fosses de trois mètres vingt centimètres (dix pieds) de profondeur, qui ne pourront être ouvertes plus près de cent quatre-vingt-quatorze mètres dix-huit centimètres (cent toises) de toute habitation, et les peaux en seront tailladées; les écuries dans lesquelles auront séjourné des chevaux morveux, ainsi que les étables et bergeries qui auront servi aux animaux attaqués de maladies contagieuses, seront, à la diligence des *officiers municipaux et experts*, aérées et purifiées; lesdits lieux ne pourront être occupés par aucuns autres animaux que lorsqu'ils auront été purifiés et qu'il se sera écoulé un temps suffisant pour en ôter l'infection; les équipages, harnais, colliers *seront brûlés* ou *échaudés*, conformément à ce

qui sera prescrit par le procès-verbal d'abatage qui aura été dressé, et dont sera laissé copie, pour, par les propriétaires ou autres, s'y conformer, ainsi qu'à toutes les précautions qui auront été indiquées par les *experts*, à l'effet d'éviter la contagion; le tout sous la même peine de cinq cents francs d'amende.

7. Fait Sa Majesté défenses, sous les mêmes peines, à tous marchands de chevaux et autres, *de détourner*, sous quelque prétexte que ce soit, *vendre* ou *exposer en vente*, dans les *foires* et *marchés* ou *partout ailleurs*, des chevaux ou bestiaux *atteints* ou *suspectés de morve* ou de *maladies contagieuses*; et aux hôteliers, cabaretiers, laboureurs et autres, de recevoir dans leurs écuries ou étables ordinaires aucuns chevaux ou animaux soupçonnés de semblables maladies, auquel cas ils seront tenus d'en faire aussitôt la déclaration ci-dessus prescrite.

8. Autorise Sa Majesté lesdits sieurs commissaires départis et leurs subdélégués à commettre, dans les villes, bourgs et villages de leurs généralités, tel nombre d'équarrisseurs qui sera jugé nécessaire, lesquels *seuls* pourront faire l'enlèvement et équarrissage des animaux morts dans les arroudissement qui leur seront prescrits, auxquels il scra délivré, sans frais, commission par lesdits sieurs intendants et subdélégués, sans qu'aucuns autres puissent s'immiscer dans l'équarrissage des chevaux et bestiaux, à peine de prison.

9. Les équarrisseurs ne pourront, sous peine d'être déchus de leur commission, d'amende ou de telle autre punition qu'il appartiendra, *vendre* et *débiter* aucune *viande* qui proviendra de chevaux ou animaux qui, suivant l'article 2, auront été abattus pour être enterrés.

10. Autorise Sa Majesté toutes personnes à dénoncer les contraventions qui pourront être faites aux dispositions du présent arrêt; et lorsqu'elles auront été bien et dûment constatées, le tiers des amendes qui auront été prononcées, et qui seront payables sans déport,

appartiendra au dénonciateur, auquel il sera accordé, en outre, une récompense proportionnée au mérite de la dénonciation.

11. Seront tenus les maires et échevins dans les villes, et les syndics dans les campagnes, d'informer, au premier avis qu'ils en auront, les intendants et leurs subdélégués des maladies contagieuses ou épizootiques qui se manifesteront dans l'étendue de leur arrondissement, à peine d'être rendus personnellement responsables de tous dommages qui pourraient résulter de leur négligence.

12. Toutes les amendes encourues aux termes des articles ci-dessus seront payées sans déport, et les contrevenants y seront contraints par toutes voies dues et raisonnables, même par emprisonnement de leurs personnes.

13. Et seront les ordonnances rendues pour la police du marché aux chevaux, et notamment celle du 8 juillet 1763, exécutées en leur contenu.

14. Ordonne Sa Majesté que, conformément aux attributions ci-devant données, tant au sieur lieutenant général de police de la ville de Paris qu'aux sieurs commissaires départis dans les provinces du royaume, chacun en droit soi, ils continuent d'avoir, exclusivement à tous autres juges, la connaissance des contestations qui pourraient survenir sur l'exécution du présent arrêt, ainsi que *des précédents règlements et ordonnances* intervenus au même sujet, sauf l'appel au Conseil; leur enjoint, ainsi qu'aux maires, échevins et syndics, de tenir la main à l'exécution du présent arrêt, et aux officiers et cavaliers de maréchaussée et tous autres, de prêter la main-forte et l'assistance nécessaires à cet effet.

Fait au Conseil d'État du Roi, Sa Majesté y étant, tenu à Versailles, le 16 juillet 1784.

Signé LE BARON DE BRETEUIL.

Arrét du Directoire exécutif qui ordonne l'exécution des mesures destinées à prévenir la contagion des maladies épizootiques.

Du 27 Messidor an v (15 Juillet 1797).

Paris, le 23 Messidor an v de la République
française une et indivisible.

Le Ministre de l'intérieur aux Administrations centrales et municipales de la République.

Il règne, sur les bêtes à cornes des départements du Nord et de l'Est, une épizootie meurtrière qui s'est annoncée d'abord par des symptômes peu alarmants; je n'en ai pas plus tôt été instruit que j'ai envoyé de Paris des artistes vétérinaires éclairés pour en prendre connaissance. Des instructions, rédigées par eux sur les lieux et à leur retour, ont été publiées et répandues dans tous les pays qu'ils avaient parcourus. La maladie a paru se ralentir pendant quelque temps, mais elle reprend avec plus de force; la rapidité de ses progrès et le nombre effrayant des animaux qu'elle tue ne permettent plus de douter qu'elle ne soit contagieuse au plus haut degré. Cet objet étant de la plus grande importance, et les moyens de police étant les seuls capables d'empêcher la communication, j'ai cru qu'il était de mon devoir de rappeler l'esprit des lois et règlements rendus en pareilles circonstances et qui n'ont pas été abrogés; je n'ai eu qu'à concilier les dispositions de ces lois avec l'ordre constitutionnel; j'y ajouterai une courte instruction sur la manière reconnue comme la plus propre à prévenir cette maladie et à la guérir dans les animaux affectés.

MESURES DE POLICE POUR ARRÊTER LA COMMUNICATION.

Tout propriétaire ou détenteur de bêtes à cornes, à quelque titre que ce soit, qui aura une ou plusieurs bêtes malades ou suspectes, sera obligé, sous peine de cinq cents francs d'amende, d'en avertir sur-le-champ l'agent de la commune, qui les fera visiter par l'expert le plus prochain, ou par celui qui aura été désigné par le département ou le canton. (Arrêt du Parlement du 24 mars 1745; arrêt du Conseil du 19 juillet 1746, art. 3; autre du 16 juillet 1784, art. 1er.)

Lorsque, d'après le rapport de l'expert, il sera constaté qu'une ou plusieurs bêtes seront malades, l'agent veillera à ce que ces animaux soient séparés des autres et ne communiquent avec aucun animal de la commune. Les propriétaires, sous quelque prétexte que ce soit, ne pourront les faire conduire dans les pâturages ni aux abreuvoirs communs, et ils seront tenus de les nourrir dans des lieux renfermés, sous peine de cent francs d'amende. (Arrêt du Conseil du 19 juillet 1746, art. 2.)

L'agent en informera, dans le jour, le commissaire du directoire exécutif du canton, auquel il indiquera le nom du propriétaire et le nombre de bêtes malades. Le commissaire du directoire exécutif fera part du tout à l'administration centrale du département. (Arrêt du Conseil du 19 juillet 1746.)

Aussitôt qu'il sera prouvé à l'agent que l'épizootie existe dans une commune, il en instruira tous les propriétaires de bestiaux de ladite commune par une affiche posée aux lieux où se placent les actes de l'autorité publique, laquelle affiche enjoindra auxdits propriétaires de déclarer à l'agent le nombre des bêtes à cornes qu'ils possèdent, avec désignation d'âge, de taille, de poil, etc. Copie de ces déclarations sera envoyée au commissaire du directoire exécutif près l'administration municipale du canton, et par celui-ci à l'administration centrale du département. (Arrêt du Conseil du 19 juillet 1746, art. 4.)

En même temps l'agent municipal fera marquer, sous ses yeux, toutes les bêtes à cornes de sa commune avec un fer chaud représentant la lettre **M**. Quand l'administration centrale du département se sera assurée que l'épizootie n'a plus lieu dans son ressort, elle ordonnera une contre-marque telle qu'elle jugera à propos, afin que les bêtes puissent aller et être vendues partout sans qu'on ait rien à en craindre. (Arrêt du Conseil du 19 juillet 1746, et arrêt du Conseil du 16 juillet 1784.)

Afin d'éviter toute communication des bestiaux des pays infectés avec ceux des pays qui ne le sont pas, il sera fait, de temps en temps, des visites chez les propriétaires de bestiaux dans les communes infectées, pour s'assurer qu'aucun animal n'en a été distrait. (Arrêt du 24 mars 1745, art. 1er.)

Si, au mépris des dispositions précédentes, quelqu'un se permet de vendre ou d'acheter des bêtes marquées dans un pays infecté, pour les conduire dans un marché ou une foire, ou même chez un particulier de pays non infecté, il sera puni de cinq cents francs d'amende. Les propriétaires qui feront conduire leurs bêtes par leurs domestiques ou autres personnes dans les marchés ou foires, ou chez des particuliers de pays non infectés, seront responsables du fait de ces conducteurs. (Art. 5 et 6 de l'arrêt du Conseil du 19 juillet 1746.)

Il est enjoint à tout fonctionnaire public qui trouvera sur les chemins ou dans les foires ou marchés des bêtes à cornes marquées de la lettre M de les conduire devant le juge de paix, lequel les fera tuer sur-le-champ en sa présence. (Art. 7 de l'arrêt du Conseil du 19 juillet 1746.)

Pourront néanmoins les propriétaires de bêtes saines en pays infecté, en faire tuer chez eux ou en vendre aux bouchers de leurs communes, mais aux conditions suivantes :

1° Il faudra que l'expert ait constaté que ces bêtes ne sont point malades;

2° Le boucher n'entrera point dans l'étable;

3° Le boucher tuera les bêtes dans les vingt-quatre heures;

4° Le propriétaire ne pourra s'en dessaisir, ni le boucher les tuer, qu'ils n'en aient la permission par écrit de l'agent, qui en fera mention sur son état. Toute contravention à cet égard sera punie de deux cents francs d'amende, le propriétaire et le boucher demeurant solidaires. (Art. 8 de l'arrêt du Conseil du 19 juillet 1746.)

Il est ordonné de tenir dans les lieux infectés tous les chiens à l'attache et de tuer tous ceux qu'on trouverait divaguants. (Loi du 19 juillet 1791.)

Tout fonctionnaire public qui donnera des certificats et attestations contraires à la vérité sera condamné à mille francs d'amende et même poursuivi extraordinairement. (Art. 14 de l'arrêt du 24 mars 1745.)

Dans tous les cas où les amendes, pour les objets relatifs à l'épizootie, seront appliquées, aucun juge ne pourra les remettre ni les modérer; les jugements qui interviendront en conséquence seront exécutés par provision, et les délinquants, au surplus, soumis aux lois de la police correctionnelle. (Art. 7 et 8 de l'arrêt du Parlement de 1745; art. 15 de celui du Conseil de 1746, et art. 12 de celui de 1784.)

Aussitôt qu'une bête sera morte, au lieu de la traîner, on la transportera à l'endroit où elle doit être enterrée, qui sera autant que possible au moins à cinquante toises des habitations; on la jettera seule dans une fosse de huit pieds de profondeur, avec toute sa peau tailladée en plusieurs parties, et on la recouvrira de toute la terre sortie de la fosse. Dans le cas où le propriétaire n'aurait pas la faculté d'en faire le transport, l'agent municipal requerra un autre citoyen, et même les manouvriers nécessaires, à peine de cinquante francs d'amende contre les refusants. Dans les lieux où il y a des chevaux, on préférera de faire traîner par eux les voitures chargées de bêtes mortes; lesquelles voitures seront lavées à l'eau chaude après le transport. Il est défendu de jeter les corps dans les bois, dans les rivières ou à la voirie, et de les enterrer dans les étables, cours et jardins, sous peine de trois cents francs d'amende et de tous dommages et intérêts. (Art. 5. de l'arrêt du Parlement de 1745, et art. 6 de celui du Conseil de 1784.)

Enfin, les corps administratifs, conformément au décret du 28 septembre 1791, emploieront tous les moyens de prévenir et d'arrêter l'épizootie; et, en conséquence, le Gouvernement compte sur leur zèle pour faire faire des patrouilles, mettre la plus grande célérité dans l'exécution des lois, et ne rien épargner, soit pour préserver leur pays de la contagion, soit pour en arrêter les progrès. Lorsque l'épizootie se sera déclarée dans leur ressort, ils sont chargés d'en informer les administrations des départements voisins, et il leur est recommandé très-expressément d'en faire part sur-le-champ au Ministre de l'intérieur, ainsi que des progrès que pourra faire la maladie.

Ce n'est qu'en suivant avec une rigueur très-scrupuleuse les mesures indiquées qu'il sera possible de prévenir, dans la plupart des départements, et d'arrêter, dans ceux qui sont infectés, les effets d'une contagion ruineuse pour l'agriculture en général et pour les propriétaires.

(Suit une instruction dans laquelle l'épizootie est décrite sommairement, et où les moyens hygiéniques, préservatifs et curatifs sont exposés.)

Le Ministre de l'intérieur,

Signé **BENEZECH.**

Ordonnance du Roi concernant l'épizootie.

Du 27 Janvier 1815.

LOUIS, par la grâce de Dieu, Roi de France et de Navarre,

A tous ceux qui ces présentes verront, salut.

Sur le rapport qui nous a été fait par notre Ministre secrétaire d'État de l'intérieur, de l'épizootie désastreuse qui enlève journellement un grand nombre de bœufs et de vaches, et qui paraît avoir été apportée dans plusieurs parties du royaume par les animaux amenés à la suite des armées étrangères;

Touché des pertes qui en résultent pour nos sujets, nous nous sommes fait rendre compte des efforts de l'administration dans cette circonstance, et nous avons eu la satisfaction de reconnaître que rien n'avait été négligé pour arrêter les progrès de ce fléau;

Voulant compléter les mesures prises précédemment, et donner à nos sujets propriétaires et cultivateurs des preuves de notre sollicitude en prévenant, autant qu'il est en nous, les suites funestes de l'épizootie, et en procurant des indemnités à ceux qui auraient éprouvé des dommages par l'exécution des dispositions rigoureuses que commande l'intérêt général de l'État,

Nous avons ordonné et ordonnons ce qui suit:

Art. 1er. Dans tous les lieux où a pénétré l'épizootie, et dans ceux où elle pénétrera par la suite, les préfets continueront à faire exécuter strictement les dispositions des arrêts des 10 avril 1714, 24 mars 1745, 19 juillet 1746, 18 décembre 1774, et de l'arrêté du Directoire exécutif du 27 messidor an v, concernant les épizooties.

2. Sur la demande des autorités administratives, les gardes

nationales, la gendarmerie, les gardes champêtres, et au besoin les troupes de ligne, seront employés pour assurer l'exécution des dispositions rappelées et indiquées dans le précédent article, et notamment pour former des cordons et empêcher la communication des animaux suspects avec les animaux sains.

3. Dans les départements où la maladie n'a pas encore pénétré, les préfets ordonneront la visite des étables aussi souvent qu'ils le jugeront utile; ils exerceront une surveillance active et feront les dispositions nécessaires pour que l'on puisse exécuter sur-le-champ, et partout où besoin sera, toutes les mesures propres à arrêter les progrès de l'épizootie, si elle venait à se manifester.

4. A la première apparition des symptômes de contagion dans une commune, il sera envoyé des vétérinaires chargés de visiter les bestiaux et de reconnaître ceux qui doivent être abattus, aux termes des règlements cités en l'article 1er. L'abatage aura lieu sans délai, sur l'ordre des maires ou des commissaires délégués par les préfets.

5. Il sera dressé des procès-verbaux à l'effet de constater le nombre, l'espèce et la valeur des animaux qui ont été ou qui seront abattus pour arrêter les progrès de la contagion. Les extraits de ces procès-verbaux seront transmis par les préfets à notre Directeur général de l'agriculture et du commerce, qui fera établir l'état des indemnités auxquelles les propriétaires de ces animaux auront droit, d'après les bases déterminées par les arrêts du Conseil des 18 octobre 1774 et 30 janvier 1775.

6. Nos Ministres secrétaires d'État de l'intérieur et des finances se concerteront pour nous soumettre un projet de loi sur les moyens de pourvoir à ces indemnités. Ce projet sera présenté aux Chambres à leur prochaine session.

7. Ils nous proposeront ultérieurement les mesures propres à assurer, en tous temps, des ressources suffisantes pour indemniser les

propriétaires de bestiaux des pertes qu'ils éprouveront, soit par l'effet direct des épizooties contagieuses, soit par l'exécution des dispositions prescrites pour en arrêter les progrès.

8. Nos Ministres secrétaires d'État de l'intérieur, des finances et de la guerre sont chargés, chacun en ce qui le concerne, de l'exécution de la présente ordonnance.

Donné en notre château des Tuileries, le 27 janvier de l'an de grâce 1815, et de notre règne le vingtième.

Signé LOUIS.

Par le Roi :

Pour ampliation :

Le Ministre secrétaire d'État de l'intérieur,

Signé l'Abbé DE MONTESQUIOU.

Pour expédition conforme :

Le Directeur général de l'agriculture et du commerce,
Conseiller d'État,

BECQUEY.

DOCUMENTS MODERNES.

—

DÉCRET.

NAPOLÉON, par la grâce de Dieu et la volonté nationale, EMPEREUR DES FRANÇAIS,

A tous présents et à venir, SALUT.

Sur la proposition de notre Ministre de l'agriculture, du commerce et des travaux publics;

Considérant que la peste bovine, *rinder-pest* des Allemands, *cattle-plague* des Anglais, plus généralement connue en France sous le nom de *typhus contagieux des bêtes à cornes*, règne dans plusieurs États du nord et de l'est de l'Europe ;

Que cette épizootie est essentiellement contagieuse ; que la rapidité actuelle des communications peut favoriser son importation en France par des bestiaux provenant des pays infectés ;

Vu l'article 1ᵉʳ de l'ordonnance du roi du 6 janvier 1739;

Vu la loi du 6 octobre 1791, titre Iᵉʳ, section IV, article 20,

AVONS DÉCRÉTÉ et DÉCRÉTONS ce qui suit :

ART. Iᵉʳ. L'importation en France des animaux domestiques, dont l'entrée présenterait des dangers au point de vue du *typhus contagieux*, pourra être interdite ou subordonnée à telles mesures qui pourraient être nécessaires pour prévenir l'invasion de la maladie.

2. Des arrêtés de notre Ministre de l'agriculture, du commerce et des travaux publics détermineront les frontières ou portions de frontières où l'introduction et le passage en transit des animaux do-

mestiques pourront être interdits, et les conditions auxquelles cette introduction et ce passage pourront être autorisés.

3. Notre Ministre de l'agriculture, du commerce et des travaux publics est chargé de l'exécution du présent décret.

Fait au palais de Fontainebleau, le 5 septembre 1865.

NAPOLÉON.

Par l'Empereur :

Le Ministre de l'agriculture,
du commerce et des travaux publics,

Armand BÉHIC.

Loi relative aux indemnités à allouer pour tous les animaux dont l'autorité publique aura ordonné ou ordonnera l'abatage par suite du typhus contagieux des bêtes à cornes.

Du 3o Juin 1866.

NAPOLÉON, par la grâce de Dieu et la volonté nationale, EMPEREUR DES FRANÇAIS,

A tous présents et à venir, SALUT.

AVONS SANCTIONNÉ et SANCTIONNONS, PROMULGUÉ et PROMULGUONS ce qui suit :

LOI.

Extrait du procès-verbal du Corps législatif.

LE CORPS LÉGISLATIF A ADOPTÉ LE PROJET DE LOI dont la teneur suit :

ARTICLE UNIQUE. Les indemnités allouées pour tous les animaux dont l'autorité publique aura ordonné ou ordonnera l'abatage, par suite du typhus contagieux des bêtes à cornes, seront fixées aux trois quarts de la valeur.

Délibéré en séance publique, à Paris, le 11 juin 1866.

Le Président,

Signé A. WALEWSKL

DÉCRET.

—

Le Président de la République,

Sur le rapport du Ministre de l'agriculture et du commerce ;

Vu la loi du 11 juin 1866, dont l'article unique est ainsi conçu :

« Les indemnités allouées pour tous les animaux dont l'autorité
« publique aura ordonné ou ordonnera l'abatage, par suite du typhus
« contagieux des bêtes à cornes, seront fixées aux trois quarts de la
« valeur ; »

La Commission provisoire chargée de remplacer le Conseil d'Etat
entendue,

Décrète :

ARTICLE PREMIER.

L'indemnité des trois quarts de la valeur, allouée par la loi du
30 juin 1866 aux propriétaires d'animaux abattus par l'ordre de
l'autorité publique, sera fixée par le Ministre de l'agriculture et du
commerce, après une expertise faite au moment même de l'ordre
d'abatage.

ART. 2.

L'évaluation de l'animal abattu est faite par deux experts désignés,
l'un par le maire, l'autre par la partie. A défaut par la partie de
désigner son expert, l'expert désigné par le maire opère seul.

Le procès-verbal d'expertise est déposé à la mairie.

En cas de dissentiment entre les deux experts sur l'évaluation
de l'animal abattu, le maire donne son avis à la suite du procès-
verbal.

ART. 3.

Ce procès-verbal est transmis dans les cinq jours de sa date par le maire au préfet; il doit être accompagné :

1° De l'ordre d'abatage délivré par le maire, sur le rapport d'un vétérinaire ;

2° D'un certificat du maire constatant que l'ordre d'abatage a reçu son exécution ;

3° D'un certificat du maire constatant que la partie s'est conformée aux lois et règlements de la police sanitaire, notamment quant à la déclaration de la maladie de l'animal, dès que cette maladie s'est produite ;

4° De la demande d'indemnité formée par la partie.

Le Ministre statue dans le délai de trois mois, à dater de la réception des pièces.

ART. 4.

Quand la peste bovine apparaît d'une manière soudaine dans une localité, et qu'il n'y a qu'un petit nombre d'animaux suspects, les cadavres doivent être enfouis ou détruits sur place par les procédés connus de l'équarrissage.

Si la peste bovine s'est étendue à une grande surface de territoire, l'usage des viandes abattues pourra être autorisé par un arrêté du préfet.

Cet arrêt déterminera :

1° Les conditions sous lesquelles devra s'opérer le transport, soit de ces viandes, soit des animaux vivants suspects, du lieu de provenance au lieu de consommation ou d'abatage ;

2° Les précautions à prendre pour que les animaux vivants ne puissent être détournés de leur destination et soient abattus aussitôt après leur arrivée à l'abattoir.

ART. 5.

Dans le cas prévu par l'article précédent, le produit de la vente des viandes sera laissé au propriétaire de l'animal abattu.

Mais s'il excède le quart de la valeur de cet animal, l'indemnité des trois quarts due par l'État sera réduite de l'excédant.

ART. 6.

Les frais d'expertise, d'abatage, d'enfouissement, de désinfection, de transport des viandes et des animaux suspects, et tous autres frais accessoires, restent au compte des propriétaires.

ART. 7.

Le Ministre de l'agriculture et du commerce est chargé de l'exécution du présent décret, qui sera inséré au *Bulletin des lois* et publié au *Journal officiel* de la République française.

Fait à Versailles, le 30 septembre 1871.

A. THIERS.

Par le Président de la République:

Le Ministre de l'agriculture et du commerce,

Victor LEFRANC.

APPENDICE.

CODE PÉNAL.

Art. 459. Tout détenteur ou gardien d'animaux ou de bestiaux soupçonnés d'être infectés de maladies contagieuses qui n'aura pas averti le maire de la commune où ils se trouvent, et qui, même avant que le maire ait répondu à l'avertissement, ne les aura pas tenus renfermés, sera puni d'un emprisonnement de six jours à deux mois, et d'une amende de 16 francs à 200 francs.

460. Seront également punis d'un emprisonnement de deux mois à six mois, et d'une amende de 100 francs à 500 francs, ceux qui, au mépris des défenses de l'Administration, auront laissé leurs animaux ou bestiaux infectés communiquer avec d'autres.

461. Si, de la communication mentionnée au précédent article, il est résulté une contagion parmi les autres animaux, ceux qui auront contrevenu aux défenses de l'autorité administrative seront punis d'un emprisonnement de deux ans à cinq ans, et d'une amende de 100 francs à 1,000 francs : le tout sans préjudice de l'exécution des lois et règlements relatifs aux maladies épizootiques, et de l'application des peines y portées.

462. Si les délits de police correctionnelle dont il est parlé au présent chapitre ont été commis par des gardes champêtres ou forestiers, ou des officiers de police, à quelque titre que ce soit, la peine d'emprisonnement sera d'un mois au moins, et d'un tiers au plus en sus de la peine la plus forte qui serait appliquée à un autre coupable du même délit.

471. Seront punis d'amende, depuis 1 franc jusqu'à 5 francs inclusivement :

S 15. Ceux qui auront contrevenu aux règlements légalement faits par l'autorité administrative, et ceux qui ne se seront pas conformés aux règlements ou arrêtés publiés par l'autorité municipale, en vertu des articles 3 et 4, titre XI, de la loi des 16-24 août 1790, et de l'article 46, titre Ier, de la loi des 19-22 juillet 1791 (police des épizooties).

Paris, le 11 septembre 1865.

INSTRUCTIONS applicables au cas où le typhus contagieux des bêtes à cornes viendrait à se développer en France.

MONSIEUR LE PRÉFET, vous n'ignorez pas qu'une épizootie que l'on appelle en France *typhus contagieux des bêtes à cornes, rinder-pest* en Allemagne et *cattle-plague* en Angleterre, exerce depuis deux mois des ravages dans ce dernier pays, où elle s'est répandue de proche en proche en irradiant de la métropole, son foyer primitif, jusqu'en Écosse, où elle a fait périr déjà beaucoup de bestiaux, notamment dans les laiteries d'Édimbourg.

De la Grande-Bretagne, où elle était restée confinée pendant les premières semaines qui ont fait suite à son invasion, l'épizootie s'est propagée en Hollande, et de la Hollande en Belgique.

La France est donc aujourd'hui menacée. Il est urgent, Monsieur le Préfet, de se tenir en garde contre l'invasion possible de ce fléau, et de prendre dès maintenant toutes les mesures propres à arrêter son expansion dans notre pays, s'il venait à franchir nos frontières, malgré le décret rendu par l'Empereur en date du 5 septembre et l'arrêté ministériel du 6 qui lui fait suite.

J'ai l'honneur, en conséquence, de vous adresser une instruction relative à cette épizootie, afin de porter à la connaissance des vétérinaires, des autorités locales, des agriculteurs et des propriétaires ce qu'il est indispensable de savoir de sa nature et de son mode de propagation, et de vous rappeler les mesures de police sanitaire qui doivent immédiatement être mises en pratique dans toutes les localités où son apparition serait signalée. L'histoire de cette épizootie, dont la France a déjà eu à souffrir dans le dernier siècle et dans le commencement du siècle actuel, montre qu'il est possible, sinon de s'en préserver toujours, du moins de réduire considérablement la proportion des pertes qu'elle peut causer, par l'application bien ordonnée des mesures de police sanitaire que prescrit notre législation sur la matière.

Je ne saurais donc, Monsieur le Préfet, vous recommander à cet égard une trop grande vigilance.

Le *typhus contagieux des bêtes à cornes* est une maladie étrangère à nos climats. Jamais il ne se développe spontanément dans les différentes contrées de l'Europe occidentale, quelles que soient, du reste, les mauvaises conditions hygiéniques auxquelles les troupeaux des grands ruminants puissent être exposés. C'est dans les plaines immenses de la Hongrie et de la Russie, qui sont connues sous le nom de *steppes,* que le typhus prend naissance; c'est là exclusivement qu'il trouve les conditions de son développement spontané; et telle est, à l'égard de cette question d'origine, la certitude acquise, depuis les savantes investigations des maîtres de la médecine vétérinaire en Russie, en Allemagne et en France, qu'on peut toujours affirmer, sans crainte d'erreur, quand on voit apparaître le typhus des bestiaux dans une région de l'Europe occidentale, qu'il y a été importé par une voie ou par une autre.

L'invasion actuelle de l'Angleterre ne fait pas exception à cette règle, quoi que l'on ait pu dire sur ce point de l'autre côté du détroit. Il est certain que c'est le typhus des steppes qui ravage ce pays, et qu'avant son apparition à Londres, où il a fait sa première explosion, un convoi composé de trois cents animaux avait été embarqué à Revel, dans le golfe de Finlande, à destination pour l'Angleterre, et y était arrivé par Lubeck et Hambourg, après une traversée de six jours environ, grâce à la rapidité des moyens de communication.

Le caractère exotique du typhus ne saurait donc aujourd'hui être contesté.

Mais, si le typhus est exotique et ne prend naissance que dans la région des steppes, on le voit trop souvent déborder de son pays d'origine, à raison de ses propriétés éminemment contagieuses, et s'attaquer à la population bovine des contrées dans lesquelles ne se trouvent pas les conditions de son développement spontané. Ses routes les plus ordinaires ont été, dans le passé, celles qu'ont suivies les armées de l'Autriche et de la Russie, dont les troupeaux d'approvisionnement sont formés en grande partie d'animaux originaires des steppes. Plus rarement il s'est introduit par les voies commerciales de terre et de mer; mais c'est toujours par la contagion qu'il s'y est maintenu pendant un temps plus ou moins long, aux différentes époques où il y a fait son apparition.

La propagation du typhus d'une localité infestée dans une localité voisine ou même à grande distance, comme l'exemple de l'Angleterre en témoigne aujourd'hui, peut s'opérer par différents modes.

Le plus efficace de tous est le transport des animaux malades. Il suffit d'un seul sujet attaqué du typhus pour infecter tout un pays. Il n'est pas nécessaire d'un contact immédiat pour que sa transmission s'effectue; le typhus se transmet à distance par les émanations qui se dégagent des sujets malades; ces émanations ont assez de puissance pour agir en plein air.

Les germes morbides peuvent être portés à distance par les courants de l'atmosphère et infecter des troupeaux dans les pâturages, lorsque des animaux malades passent sur les routes qui les bordent.

Les animaux sains qui ont eu des rapports avec les animaux malades, et se sont imprégnés des principes de leur maladie, conservent encore les caractères extérieurs de la santé pendant un certain temps, dont la durée varie entre six et dix jours. C'est cette particularité, commune, du reste, à un grand nombre de maladies contagieuses, qui est une des conditions les plus puissantes de la propagation du typhus; car trop souvent les propriétaires des sujets contaminés, ne s'inspirant que de leur intérêt personnel, s'empressent de les faire conduire sur les foires et marchés pour réaliser immédiatement leur valeur et se mettre à couvert des pertes qu'ils pourraient subir. De là la dissémination possible et trop fréquente du mal dans tous les sens par des sujets qui, sous les apparences de la santé, recèlent en eux le germe d'une maladie encore cachée, mais dont l'avénement est fatal et à bref délai. L'histoire de l'épizootie actuelle de l'Angleterre démontre que c'est surtout par cette voie que le typhus a rayonné de la métropole dans un grand nombre de districts qui l'avoisinent, puis de proche en proche dans les districts plus éloignés, et enfin jusque dans l'Écosse.

Ce ne sont pas seulement les animaux actuellement malades, ou qui doivent le devenir prochainement, qui sont les agents de la propagation du typhus ; ceux qui sont en convalescence de cette maladie peuvent aussi la transmettre et avec tous les caractères de sa malignité, bien que chez eux elle paraisse éteinte. Le typhus peut être transmis par les fourrages imprégnés du souffle et de la bave des animaux malades, par les herbes des pâturages où ils ont séjourné, par les liquides dont ils se sont abreuvés.

Les vêtements des hommes, la toison des moutons, les poils des chiens et des autres animaux peuvent se charger des principes de la maladie et la transporter à distance.

Enfin elle peut se propager par les fumiers qui proviennent des étables infectées et dans la composition desquels les déjections morbides entrent en si grande quantité, par les débris des animaux morts, par leurs peaux fraîches et jusque par les cordages qui ont servi à les attacher et qui sont encore souillés de leur bave ou de leur sang.

Comme on le voit par cet aperçu sommaire, les voies sont nombreuses par lesquelles la contagion du typhus peut s'effectuer, et c'est leur multiplicité qui explique la facilité avec laquelle cette maladie se propage et les difficultés que l'on rencontre trop souvent à empêcher son expansion. Mais ces difficultés, si grandes qu'elles soient, ne sont pas supérieures aux efforts d'une administration vigilante et dévouée, et il est possible de les surmonter quand on s'attaque au fléau dès ses premières manifestations dans une localité.

Le typhus étant une maladie exotique que très-peu de personnes en France ont eu l'occasion d'observer, puisque sa dernière invasion remonte à 1814, il est nécessaire d'en retracer ici les caractères principaux.

CARACTÈRES DU TYPHUS CONTAGIEUX.

Dans la première période de cette maladie, celle que l'on appelle la période *d'incubation*, parce que le mal n'est encore qu'en germe dans le corps et y couve pour ainsi dire, les animaux présentent tous les caractères extérieurs de la santé ; ils mangent, boivent et ruminent comme d'habitude, et les femelles donnent la même quantité de lait. Impossible donc de voir en eux des malades ; et de fait, s'ils sont condamnés à le devenir fatalement, ils ne le sont pas encore.

Cette période a une durée qui varie de six à dix jours.

Lorsque la maladie apparaît, elle se caractérise par l'abattement et une certaine expression du regard qui donne à l'animal un air sombre; sa tête est tendue, fixe, portée bas, avec les oreilles immobiles tombant en arrière; le dos est voussé et les membres postérieurs sont engagés sous le corps, le poil est terne, hérissé et sec au toucher; aux plis des jointures, notamment dans la région des aisselles et des aines, la peau se trouve mouillée de sueurs qui déterminent le soulèvement de son épiderme et sa dénudation.

La rumination n'est pas toujours suspendue dans les premiers jours de la maladie, mais elle ne s'effectue plus avec sa régularité habituelle; l'animal grince des dents et bâille fréquemment.

Puis apparaissent des tremblements généraux, manifestes surtout en arrière des épaules, aux grassets et aux fesses, avec des alternatives de chaleur et de froid, notamment vers la base des cornes, aux oreilles et aux extrémités des membres.

Les yeux sont rouges et pleurent, et les larmes qui s'en écoulent en abondance ont une telle âcreté qu'elles creusent sur le chanfrein une sorte de sillon ; l'épiderme se détache sur les régions de la peau où elles se sont répandues.

Un jetage a lieu par les ouvertures des narines, d'un liquide d'abord aqueux et âcre comme les larmes et produisant, comme elles, l'érosion épidermique des parties de la peau avec lesquelles il reste en contact.

Avec les progrès de la maladie, les humeurs des yeux ou du nez deviennent purulentes, et souvent alors l'air que les animaux expirent est fétide. A ce moment, la respiration se précipite, elle devient difficile et s'accompagne d'un bruit de cornage que l'on entend à distance, en entrant dans les étables.

De la bouche s'échappe une salive écumeuse, qui forme des flocons blanchâtres autour des lèvres. Sur le bourrelet de la mâchoire supérieure, sur les gencives et sur les mamelons de la face interne des joues, l'épiderme, soulevé par de la sérosité, n'adhère plus aux parties et, se détachant facilement sous la pression des doigts, laisse à nu des plaies vives d'un rouge foncé.

A une période plus avancée de la maladie, la tête est agitée, d'un côté à l'autre, d'une sorte de branlement qui a une certaine analogie avec celui des vieillards, et, en même temps, les mouvements rapides de la respiration lui impriment, à chaque fois que les flancs s'abaissent, une secousse de bas en haut.

La diarrhée ne tarde pas à se manifester; ce sont d'abord des matières excrémentielles qui sont expulsées liquides, avec une grande impétuosité, et associées à des gaz qui leur donnent une fétidité caractéristique; puis, quand le canal est vide, les produits des déjections deviennent séreux; enfin, à la dernière période, les matières rejetées prennent une teinte brune qu'elles doivent au sang qui leur est associé, et répandent une odeur d'une extrême fétidité.

A mesure que la maladie progresse, l'affaiblissement des forces s'accuse davantage; les malades tombent dans un état d'extrême prostration; c'est à peine s'ils peuvent se tenir debout et s'ils ont la force de conserver l'équilibre, quand on les oblige, par l'excitation des aiguillons ou des chiens, à se mettre en mouvement. La plupart du temps, ils restent couchés, la tête tendue et appuyée sur le menton. La stupeur est extrême; les yeux s'enfoncent profondément dans les orbites; une humeur purulente remplit le vide qui s'est formé entre le globe et les paupières; la matière du jetage, épaisse, mêlée de stries sanguinolentes, souvent fétide, obstrue tellement les narines que les animaux sont obligés de respirer par la bouche ; la température du corps est sensiblement abaissée, et quand on appose les mains sur la peau du dos et des lombes, on perçoit une sensation analogue à celle que donne le toucher d'un animal à sang froid. Souvent, à cette période, se manifeste un symptôme très-caractéristique, c'est un gonflement de chaque côté de l'épine du dos, déterminé par le développement spontané de gaz sous la peau. Quand on palpe cette région, on perçoit une sensation de crépitation, et si on la percute, elle rend un son analogue à celui qui se fait entendre lorsque, dans les boucheries, on frappe sur la peau d'un bœuf soufflé.

Quand ce symptôme est apparu, les animaux sont froids et insensibles; les mouches les couvrent comme si déjà ils étaient des cadavres. Elles s'accumulent autour des ouvertures naturelles et y déposent leurs œufs qui, quelquefois, ont le temps d'y éclore : d'où l'apparition d'un fait qui a été considéré autrefois comme une expression spéciale de la maladie, mais qui n'est évidemment qu'un accident secondaire, résultant de l'état d'insensibilité à peu près complète dans lequel les animaux sont tombés.

La sécrétion du lait se tarit presque entièrement dès les premiers signes de la maladie; les mamelles se flétrissent et deviennent flasques et froides; quand elles donnent encore un peu de lait, ce liquide est séreux et d'une teinte jaune très-accusée.

Chez les femelles, il existe un symptôme très-propre à faciliter le diagnostic de la maladie, lorsqu'on doit passer en revue un certain nombre de bêtes et formuler un jugement rapide, c'est la coloration particulière de la membrane du vagin qui a une teinte rouge d'acajou avec des marbrures d'une nuance plus foncée.

L'amaigrissement rapide et profond des malades est un des caractères particuliers à cette affection, et qui s'accuse à un degré d'autant plus marqué que la vie se prolonge davantage; les sujets deviennent étiques; leurs muscles, effacés et parcheminés, laissent apparaître tous les reliefs du squelette, notamment à la région du bassin, dont les excavations se creusent profondément.

La mort survient d'ordinaire du troisième au douzième jour; rarement la vie se prolonge au delà de cette dernière période.

En résumé, si on laisse de côté les détails accessoires, un animal frappé du typhus se reconnait facilement à l'ensemble des symptômes suivants : attitude immobile, dos voûté, membres convergents sous le corps, tête portée en avant, fixe, oreilles tombantes en arrière, regard sombre, yeux pleureurs, jetage nasal, bouche écumante, tête branlante, grincement des dents, respiration précipitée, bruit de cornage, tremblements généraux, diarrhées très-abondantes et fétides, gonflement de la région dorsale par des gaz accumulés sous la peau, abaissement de la température du corps, faiblesse extrême, prostration, stupeur, coloration rouge foncé avec marbrures de la membrane du vagin, tarissement du lait.

ALTÉRATIONS PROPRES AU TYPHUS.

Dans le troisième estomac ou feuillet, injection des lames multiples de cet appareil, taches ecchymotiques diffuses sur un grand nombre, perforations ulcéreuses de quelques-unes, dessiccation, sous forme de galettes, des matières alimentaires interposées entre elles.

Dans la caillette, quatrième estomac, injection très-vive de toutes ses duplicatures qui ont une couleur rouge d'acajou, et, dans quelques cas, ulcérations multiples disséminées à leur surface; ces ulcérations reflètent une teinte blanche lavée.

Dans l'intestin grêle, plaques gaufrées formées par la confluence de pustules pleines ou ulcérées sur les glandes de Peyer.

Cette lésion n'est pas constante dans l'intestin grêle; mais ce que l'on observe toujours sur la muqueuse de cet intestin, c'est l'injection générale avec des vergetures longitudinales, coupées irrégulièrement par des vergetures transverses, qui dessinent sur la membrane un réseau irrégulier à grandes mailles extrêmement caractérisé.

Dans le colon, petites ulcérations, extrêmement nombreuses, dans

la profondeur desquelles est attaché un petit caillot de sang formant
relief dans l'intestin; en enlevant ce caillot par le grattage, on met à
nu l'ulcération assez profonde qui lui servait comme de point d'in-
sertion. Injection générale de toute la muqueuse du colon et de celle
du rectum, vergetée et aréolée comme la muqueuse de l'intestin
grêle.

La rate est généralement saine.

Taches pétéchiales et ecchymoses profondes dans le cœur.

Emphysème général du poumon, dont les lobules sont isolés
entre les lames épaisses du tissu cellulaire, qui sont soufflées par les
gaz exhalés dans leurs aréoles comme dans celles du tissu cellulaire
sous-cutané.

Injection de la muqueuse des bronches et du larynx, et exsudation
à sa surface de mucosités purulentes condensées en fausses mem-
branes dans le larynx.

Aucune ulcération sur cette membrane.

Le typhus contagieux des bêtes à cornes est une maladie qui de-
meure supérieure dans le plus grand nombre des cas, l'expérience
l'a trop souvent démontré, à toutes les ressources de l'art. Ce n'est
donc pas sur des moyens de traitement qu'il faut compter pour sau-
vegarder la fortune des particuliers et, avec elle, la fortune publique, lorsque cette épizootie s'attaque à la population bovine d'un
pays, mais bien sur les précautions les plus minutieuses prises en
vue d'empêcher sa propagation par les différentes voies de la contagion.

Les indications données dans cette instruction doivent vous inspirer à cet égard, Monsieur le Préfet, votre ligne de conduite.

Tous vos efforts doivent tendre, lorsque l'épizootie s'est déclarée
dans une localité, à empêcher que les animaux malades puissent
avoir des communications, de quelque nature qu'elles soient, avec
des animaux sains. Vous ne devrez même pas reculer, au début de
la maladie dans une contrée, devant l'abatage immédiat des animaux
les premiers malades et des animaux qui ont cohabité avec eux, si

vos informations vous renseignent très-exactement sur la manière dont la maladie s'est transmise, et si elles vous donnent la conviction qu'en l'étouffant dans son foyer primitif vous pourrez arrêter son expansion et prévenir sa propagation.

La loi vous arme de toute l'autorité nécessaire pour appliquer cette mesure commandée par l'intérêt public, et dont l'application entraine, du reste, l'indemnisation légitime des propriétaires.

La contagion pouvant s'effectuer à distance par les émanations qui se dégagent du corps des animaux malades, il est nécessaire qu'ils soient séquestrés de la manière la plus rigourcuse dans des locaux aussi isolés que possible de ceux qu'habitent les animaux sains; que les pâturages communs, les abreuvoirs et les routes leur soient défendus; que les personnes préposées à leur donner des soins n'aient aucun contact avec les animaux non encore infectés; que des relations ne puissent pas s'établir par l'intermédiaire d'animaux d'autres espèces, notamment des moutons, dont la toison touffue peut s'imprégner des principes contagieux et servir à les transporter à de très-grandes distances.

Dans des occurrences comme celles qui se présentent l'agglomération des animaux de l'espèce bovine sur les champs de foire ou sur les marchés peut entraîner les conséquences les plus fâcheuses; car il suffit d'un seul animal infecté pour qu'un grand nombre de ceux qui auront été en rapport avec lui contractent la maladie et la disséminent dans une foule de directions. Il est possible aussi que des animaux, qui ne sont encore qu'à la période d'incubation de la maladie, soient conduits sur les champs de foire par des propriétaires plus soucieux de leurs intérêts particuliers que de l'intérêt public. Vous aurez à voir si la gravité des circonstances ne vous impose pas l'obligation de suspendre les foires et marchés publics dans les localités où l'épizootie sévira; et, dans le cas où cette mesure, toujours grave, ne vous paraîtrait pas indispensable, vous devriez prescrire les plus grandes précautions pour prévenir l'introduction sur les marchés d'animaux suspects, à quelque titre que ce soit. Ces précautions

devront consister dans des certificats de santé délivrés aux conducteurs des bestiaux par les maires des communes d'où ils proviennent
et les vétérinaires inspecteurs de ces communes.

Mais l'action de l'Administration, si énergique qu'elle soit, reste-
rait insuffisante si vos administrés ne se pénétraient pas tous de la
nécessité de concourir de tous leurs efforts à l'œuvre de la préservation commune, et s'ils n'étaient pas convaincus qu'il suffit souvent
d'une imprudence commise ou d'une contravention aux règlements
sanitaires pour que la maladie trouve une issue qui lui permettrait
d'étendre ses ravages. Vous devrez donc faire en sorte d'éclairer les
populations par tous les moyens de publicité dont vous disposez sur
les dangers qui les menacent, et sur l'utilité des mesures que vous
serez obligé de prendre pour les en préserver.

Voici, du reste, celles de ces mesures qu'il est urgent d'appliquer
immédiatement :

Tout propriétaire, détenteur ou gardien de bêtes à cornes, à
quelque titre que ce soit, doit être tenu de faire la déclaration im-
médiate au maire de la commune des bêtes malades ou suspectes
qu'il peut avoir chez lui ou dans ses pâturages.

Dès que le maire sera prévenu, il fera faire la visite des animaux
dont la maladie lui aura été déclarée, soit par le vétérinaire le plus
prochain, soit par celui auquel cette fonction aura été assignée.

Je vous recommande, Monsieur le Préfet, d'insister auprès des
maires des différentes communes de votre département, pour que
cette prescription d'utilité absolue soit rigoureusement observée : elle
est du reste imposée par les règlements sur la matière, et ceux qui y
contreviendraient seraient passibles de peines sévères [1].

Lorsque, d'après le rapport du vétérinaire, il sera constaté qu'une
ou plusieurs bêtes sont malades, le maire veillera scrupuleusement

[1] Arrêt du Parlement, 24 mars 1745. — Arrêt du Conseil, 19 juillet 1746. — Arrêt du Conseil, 16 juillet 1784. — Décret de l'Assemblée constituante, 6 octobre 1791.
— Arrêté du Directoire exécutif, 27 messidor an v. — Ordonnance du Roi du 15 janvier 1815. — Code pénal, article 459.

à ce que ces animaux soient séparés des autres et ne communiquent d'aucune manière, directement ou indirectement, avec aucun animal de la commune. Les propriétaires, sous quelque prétexte que ce soit, ne pourront les faire conduire dans les pâturages ni aux abreuvoirs communs, et ils seront tenus de les nourrir dans des lieux renfermés.

Cette séquestration des malades ne saurait être pratiquée avec trop de rigueur : c'est d'elle que dépend le salut des autres bestiaux de la localité, et les maires, en tenant la main à l'observation rigoureuse de la règle, peuvent rendre à leurs concitoyens les plus grands services. Il faut donc qu'ils soient assez convaincus de la gravité de leurs devoirs pour ne pas se contenter de demi-mesures.

Chaque jour, le maire de la commune où la maladie s'est déclarée doit vous adresser un rapport détaillé dans lequel il vous indiquera les noms des propriétaires dont les bestiaux sont atteints et le nombre des bêtes malades [1]. Aussitôt que le maire aura acquis la preuve que l'épizootie s'est déclarée dans sa commune, il devra en instruire tous les propriétaires de bestiaux de ladite commune, par une affiche posée aux lieux où se placent les actes de l'autorité publique, laquelle affiche enjoindra à ces propriétaires de déclarer à l'autorité communale le nombre de bêtes à cornes qu'ils possèdent, avec désignation d'âge, de taille, de poil, etc.

Une copie de ces déclarations devra vous être envoyée, et vous aurez soin de la faire parvenir à mon administration [2].

Ce dénombrement est nécessaire pour que l'autorité supérieure puisse se rendre compte des pertes et apprécier les indemnités qui pourraient être allouées à ceux qui les auront subies.

Dès que l'épizootie s'est déclarée dans une commune, aucun des animaux, même ceux qui sont encore sains dans cette commune, ne

[1] Arrêt du Conseil, 1746. — Décret de l'Assemblée constituante, 1791. — Code pénal, article 460.

[2] Arrêt du Conseil du 19 juillet 1746. — Arrêté du Directoire exécutif du 27 messidor an v.

peut en être distrait pour être conduit sur les foires et marchés, et même chez des particuliers des communes voisines, car leur migration peut transporter la contagion à distance. Toute communication des bestiaux des localités infectées avec ceux des localités qui ne le sont pas doit être absolument empêchée. Il doit être fait, en conséquence, des visites de temps à autre chez les propriétaires de bestiaux dans les communes infectées, pour s'assurer qu'aucun animal n'en a été éloigné [1].

Si, au mépris de ces dispositions, une bête malade ou suspecte, dans un pays infecté, était conduite sur un marché ou une foire, ou même chez un particulier d'une localité non infectée, l'auteur de cette contravention serait passible des peines portées par les articles du Code pénal qui ont réglé cette matière.

Les propriétaires qui feraient conduire leurs animaux malades ou suspects par leurs domestiques ou autres personnes, dans les marchés ou les foires ou chez des particuliers de pays non infectés, seraient responsables des faits de ces conducteurs [2].

Les propriétaires de bêtes saines peuvent néanmoins, dans les pays infestés, en faire tuer chez eux ou en vendre aux bouchers de leurs communes, mais aux conditions suivantes :

1° Il faut que le vétérinaire préposé par l'autorité ait constaté que ces bêtes peuvent être livrées sans danger à la consommation;

2° Le boucher doit tuer les bêtes dans les vingt-quatre heures;

3° Le propriétaire ne peut s'en dessaisir et le boucher les tuer, avant qu'ils en aient reçu, par écrit, la permission du maire, qui en fera mention sur son état;

4° Le boucher ne peut, sous aucun prétexte, vendre pour son compte et sur pied la bête qu'il aura achetée pour être immédiatement abattue.

[1] Arrêt du Conseil du 24 mars 1745. — Arrêté du Directoire exécutif du 27 messidor an v.

[2] Arrêt du Conseil du 7 juillet 1746. — Code pénal, article 460.

Toute contravention à cet égard sera punie conformément aux lois et règlements sur la matière. Le propriétaire et le boucher sont solidaires [1].

L'expérience ayant appris que les chiens peuvent devenir des agents de la transmission de la contagion, ces animaux doivent être tenus à l'attache dans les localités infectées; et il est ordonné de tuer tous ceux que l'on trouverait divaguants. (Loi du 19 juillet 1791. — Arrêté du Directoire exécutif du 27 messidor an v.)

Si, à la première apparition de l'épizootie dans une commune, l'autorité municipale jugeait nécessaire, pour étouffer la maladie avant qu'elle ait pris de l'extension, de faire abattre immédiatement les bestiaux malades et ceux qui auraient cohabité avec eux, elle pourrait prescrire cette mesure, en ayant soin de faire constater par des procès-verbaux le nombre et la valeur des animaux qui devraient être abattus.

Il va de soi que toutes les bêtes saines, sacrifiées pour prévenir la contagion dont elles peuvent recéler les germes, pourront être livrées à la consommation comme bêtes de boucherie.

Les extraits des procès-verbaux d'abatage de ces animaux devront m'être adressés, pour que mon administration puisse faire payer aux propriétaires l'indemnité à laquelle ils ont droit d'après la loi [2].

Les bêtes mortes des suites de l'épizootie, ou dont l'abatage aura été ordonné en raison de la gravité de leur maladie, devront être enfouies à une distance aussi grande que possible des habitations, dans des fosses de deux mètres au moins de profondeur dans les terrains peu perméables, et plus profondément encore dans les terrains dont la perméabilité est très-grande. Cette fosse sera recouverte de toute la terre qu'on en aura extraite.

S'il était possible de jeter au préalable sur les cadavres une couche de chaux vive, cette précaution serait excellente.

[1] Arrêt du Conseil du 19 juillet 1746. — Arrêté du Directoire exécutif du 27 messidor an v.

[2] Arrêt du Conseil du 18 octobre 1774. — Arrêt du Conseil du 30 janvier 1775. — Ordonnance du Roi du 15 janvier 1815.

Les cuirs devront être tailladés avant que le corps soit placé dans la fosse, afin d'annuler leur valeur commerciale, pour que personne ne soit tenté de les déterrer. Les cadavres ne seront pas traînés vers le lieu de leur enfouissement, afin d'éviter qu'ils ne laissent sur le sol des matières recélant en elles le principe de la contagion. Ils devront être charriés sur des voitures traînées par des chevaux, des ânes ou des mulets, et ces voitures seront immédiatement lavées à grande eau, après avoir servi à cet usage.

Dans les localités où il existe des clos d'équarrissage ou des usines dans lesquelles les matières animales sont converties en produits industriels, les propriétaires seront libres, au lieu de faire enfouir les corps des bêtes mortes, de les faire exploiter par les établissements appropriés à cette destination, à la condition que la distance de leur propriété à ces établissements sera telle que les corps des animaux morts ne devront pas traverser les localités non infectées.

Les fumiers provenant des étables infectées devront être enfouis.

Il ne faut pas oublier que les fourrages sur lesquels les bêtes malades ont soufflé et répandu leur bave, que les litières qu'elles ont souillées de leurs déjections peuvent être des agents de la transmission de la contagion; les uns et les autres devront être traités comme le fumier, après la mort de la bête à l'usage de laquelle ils ont servi; en pareil cas, une économie mal entendue peut être cause de nouvelles pertes.

Les étables qui ont été habitées par des bêtes malades doivent être assainies avec le plus grand soin, d'après les prescriptions des hommes de l'art. Le lavage à fond avec des liquides dont les propriétés désinfectantes sont reconnues, tels que le chlorure de chaux, l'eau de chaux chlorurée, les solutions d'acide phénique, les eaux de lessive, le grattage des râteliers et des mangeoires, leur revêtement avec une couche de goudron, le repiquage du sol et l'association à la terre qui le forme, de sable, de terre ou de plâtre coaltarés, enfin les fumigations chlorurées, voilà une série de moyens dont l'expérience a consacré l'efficacité, et qui doivent être scupuleusement recommandés aux propriétaires des étables infectées : qu'ils demeurent bien convaincus que la dépense qu'ils s'imposeront pour assainir leurs étables sera largement compensée par le bénéfice qu'ils en retireront.

Même après ces précautions prises, il sera prudent de n'introduire des bêtes saines dans les étables infectées qu'après deux semaines au moins, pendant lesquelles on les aura laissées ouvertes à tous les vents.

Les objets qui auront servi à l'usage des bêtes malades devront être détruits par le feu, s'ils sont de minime valeur, comme les cordages d'attache, par exemple, ou purifiées par les procédés d'assainissement qui leur conviennent.

Telles sont, Monsieur le Préfet, les mesures diverses qu'il me paraît urgent de prendre pour empêcher l'extension de l'épizootie dans votre département, si elle venait à y pénétrer. Je ne saurais trop vous recommander de veiller à ce qu'elles soient partout rigoureusement appliquées. Si les efforts sont bien concertés, si chacun est à son poste et fait bien son devoir, on peut opposer à l'invasion du mal une digue qu'il ne franchira pas.

Du reste, Monsieur le Préfet, vous devez trouver de bons auxiliaires, pour l'application de tous les moyens propres à combattre l'épizootie, dans les sociétés vétérinaires, les chambres consultatives d'agriculture, les associations agricoles et les vétérinaires de votre département. Le décret du 18 octobre 1848 a institué près de vous un conseil d'hygiène publique et de salubrité, dont une des attributions est relative aux épizooties et aux maladies des bestiaux. Mais il me paraîtrait très-utile que, pour répondre aux nécessités du moment, des commissions spéciales, composées plus particulièrement de vétérinaires et d'agriculteurs, fussent instituées partout où le besoin s'en ferait sentir et eussent pour mission d'approprier plus efficacement aux conditions locales les mesures de police sanitaire que comporte l'épizootie.

Je désire, Monsieur le Préfet, que vous me teniez au courant, par des communications très-fréquentes, de tous les faits relatifs à l'épizootie qui pourraient se produire dans votre département.

Si les circonstances l'exigent, je vous transmettrai des instructions complémentaires de celles qui font l'objet de la présente circulaire.

Recevez, Monsieur le Préfet, les assurances de ma considération très-distinguée.

Le Ministre de l'agriculture,
du commerce et des travaux publics,

Armand BÉHIC.

Versailles, le 20 mars 1871.

INSTRUCTION sur les mesures à prendre contre la peste bovine
ou typhus contagieux des bêtes à cornes.

MONSIEUR LE PRÉFET, les instructions qui vous ont été précédemment adressées par mon administration au sujet de la peste bovine, ayant été diversement interprétées dans plusieurs départements, il me paraît utile de résumer de nouveau, et de manière à coordonner uniformément l'action gouvernementale, les mesures à prendre contre cette épizootie. De toutes les maladies qui attaquent le gros bétail, la peste bovine est, vous le savez, la plus redoutable. Aucune ne se répand aussi rapidement, aucune n'est aussi meurtrière. Une fois qu'elle a pénétré dans une contrée, on peut affirmer qu'elle y exercera de grands ravages, si on ne prend des mesures immédiates et énergiques pour l'éteindre ou pour limiter ses progrès.

Le caractère essentiel de cette maladie, c'est *sa contagion ;* elle est tellement contagieuse qu'il n'est pas nécessaire, pour qu'un animal la contracte, qu'il soit mis en contact direct avec un animal malade ; il peut la gagner à distance et même en plein air, s'il est placé sous le vent d'un foyer infectieux. Il y a plus ; cette maladie peut être importée dans une étable renfermant des animaux en santé par l'intermédiaire des vêtements des personnes qui ont séjourné dans des étables infectées, ou qui ont eu des rapports avec des animaux malades. Les moutons, les chèvres, les chiens, les fumiers, les fourrages, etc., peuvent, dans les mêmes conditions, servir de véhicule à la contagion. Mais la bête malade est toujours l'agent principal et le plus actif de la propagation du mal.

La peste bovine, et c'est là un point important à signaler, est une maladie étrangère à l'Europe occidentale; elle ne s'attaque à nos bestiaux que lorsqu'elle a été transmise par contagion.

Cette épizootie ne se décèle pas à l'extérieur par un ensemble de

signes morbides constamment les mêmes; elle affecte au contraire,
dans ses modes de manifestation, des physionomies souvent différentes qui expliquent le défaut de concordance entre les descriptions
qu'en ont données les auteurs et les difficultés de la reconnaître au
début, quand on ignore son existence dans la contrée. Aussi, au
point de vue de la préservation de la peste bovine *par le concours des
propriétaires*, on peut, sans inconvénient, négliger l'exposé des symptômes qui la distinguent. Dans les localités envahies et dans celles
menacées par l'approche du mal contagieux, les détenteurs de bestiaux
agiront prudemment en considérant comme étant sous le coup de
cette maladie tout animal chez lequel on observera des signes
vagues de tristesse, d'inappétence, ou un changement quelconque
dans son état habituel. En un mot, quand on sait que le typhus
contagieux règne dans la localité ou dans les localités environnantes,
une indisposition du bétail, même légère, établit la présomption de
l'existence du mal à son début. A ce titre, il devra être immédiatement isolé et soumis sans retard à la visite du vétérinaire.

Dans le but d'éviter les désastres que cause d'ordinaire cette ter-
rible épizootie, il faut de toute nécessité prendre des mesures pour
prévenir son invasion dans un pays, pour l'éteindre et pour empêcher
sa propagation lorsqu'elle parvient à y pénétrer.

Ces mesures sont de deux ordres. Les unes, édictées par les lois
et les règlements sanitaires[1], comprennent : 1° la déclaration ; 2° l'isolement ; 3° la séquestration ; 4° la visite ; 5° le dénombrement et l'estimation des animaux ; 6° l'abatage ; 7° l'enfouissement des cadavres
et des débris cadavériques ; 8° la désinfection ; 9° la suspension des
foires et marchés ; 10° les cordons sanitaires ; 11° la surveillance du
commerce et de la circulation du bétail ; 12° le transport et l'utili-
sation de la viande, des peaux, des suifs.

[1] Arrêt du Parlement, 24 mars 1745. — Arrêt du Conseil, 19 juillet 1745. — Arrêt du Conseil, 16 juillet 1784. — Décret de l'Assemblée constituante, 6 octobre 1791.
— Arrêt du Directoire exécutif, 27 messidor an v. — Ordonnance du Roi, 27 janvier 1815. — Code pénal, articles 459 et suivants.

Ces prescriptions sanitaires, les autorités ont le droit et le devoir de les ordonner, en s'inspirant toutefois de l'opportunité des circonstances qui les réclament, et en les proportionnant à la gravité du danger contre lequel elles sont dirigées.

Les autres mesures sont du ressort presque exclusif des personnes intéressées à la conservation de leurs bestiaux.

§ Iᵉʳ. — Obligations et devoirs des autorités.

Quand on a lieu de redouter l'invasion de la peste bovine dans une localité, l'autorité départementale, cantonale ou communale devra se préoccuper du commerce et du mouvement du bétail. Les seuls moyens préservatifs, reconnus efficaces pour s'opposer à l'importation de la contagion, sont la défense de l'introduction de l'espèce bovine de provenance de contrées infectées ; la suspension des foires et des marchés dans la circonscription voisine des localités envahies ; l'interdiction de l'importation des fumiers, des peaux fraîches et autres issues d'animaux abattus ; la surveillance des marchands et des conducteurs de bestiaux ; l'obligation de faire visiter les animaux avant leur entrée sur le territoire, en indiquant leur origine. Mais l'Administration ne doit pas perdre de vue que ces mesures excessives nuisent toujours au commerce et à l'industrie ; que la nécessité qui les commande ne saurait faire oublier qu'elles doivent, dans les limites du possible, se concilier avec les intérêts généraux du pays et avec les besoins de la consommation, et que, dans tous les cas, leur durée est subordonnée à la durée même du danger. Il y a donc lieu pour les autorités à examiner la situation froidement et nettement et à n'appliquer les mesures préservatrices dans toute leur rigueur qu'avec une sage réserve. En ce qui concerne notamment la suspension des foires et marchés et la circulation du bétail, il serait désirable que la prohibition restât limitée aux localités seules exposées à la contagion et ne s'étendît à tout le département que si la nécessité en était impérieusement reconnue.

Dans quelques départements non attaqués, on a cru devoir interdire absolument le transit de tout bétail, même en chemin de fer, de telle sorte qu'on intercepte ainsi l'approvisionnement des grands centres de consommation ; c'est là un fait anormal, presque inutile et dont on aurait pu conjurer les éventualités par une surveillance sévère dans les gares, en empêchant les arrêts prolongés et en exigeant que les wagons fussent garnis de manière à ne laisser échapper aucune déjection.

Sur d'autres points, on a interdit l'entrée et la sortie du bétail, sans aucune distinction. Il en est résulté que des localités, siéges habituels d'exportation, quoique parfaitement saines, ont vu leur commerce et leurs transactions complétement arrêtés, au grand détriment du producteur et du consommateur. Une inspection vétérinaire, organisée dans les gares d'embarquement, aurait suffi pour écarter tout danger.

Je me borne à citer ces exemples pour démontrer l'importance de l'examen des faits locaux par les autorités avant l'adoption des mesures générales et trop absolues.

§ II. — Introduction de la peste bovine.

Si, malgré les mesures prises, la peste bovine pénètre dans l'intérieur de la contrée, il faut recourir à l'*abatage immédiat* des animaux malades et des animaux suspects par suite de la cohabitation. Exécutée dès le début du mal, cette mesure a pour résultat certain de limiter les foyers de la contagion et de les éteindre sur place ; l'autorité doit la prescrire aux propriétaires parce qu'elle constitue le moyen par excellence pour détruire la peste bovine et pour empêcher la propagation de la contagion.

A l'abatage succède la mesure de l'enfouissement. Sans chercher à utiliser aucun de leurs produits, il faut enfouir les cadavres, dans un lieu isolé, dans des fosses de deux mètres de profondeur, les couvrir de chaux et de substances désinfectantes, si l'on en a à sa disposition, surexhausser le sol au-dessus de ces fosses, l'entourer de barrières ou d'obstacles pour empêcher l'approche des animaux.

On enfouira avec le même soin les fumiers, les litières, les fourrages délaissés par le bétail malade [1]; on désinfectera ensuite les étables en lavant d'abord à l'eau bouillante le sol, les murs, les mangeoires, et ensuite avec de l'eau chlorurée ou phéniquée; on dégagera des vapeurs de chlore dans les locaux, on les ouvrira après vingt-quatre heures; on établira des courants d'air et on attendra, pour les réoccuper, que la peste bovine n'existe plus dans la localité; on interceptera toutes les voies de communication de la commune infectée avec l'extérieur en établissant des tranchées et des barrières, et, en outre, on fera connaître, par des inscriptions apparentes, que l'épizootie sévit dans la commune.

C'est par l'application rigoureuse de ces moyens sanitaires à tous les foyers qui se manifesteront, que l'autorité, secondée par le bon vouloir des propriétaires, pourra arrêter la marche du typhus contagieux. Quant aux demandes qui ont été adressées pour réclamer des indemnités par suite de l'abatage des animaux malades ou suspectés de la peste bovine, je ne dois pas vous laisser ignorer, Monsieur le Préfet, que ces indemnités, aux termes de la loi du 6 juillet 1866,

---

[1] Pour opérer la désinfection, on peut se servir avec avantage des préparations suivantes :

A. Acide phénique . . . . 50 grammes.
   Eau. . . . . 1 litre.
On fait encore dissoudre l'acide phénique dans 20 à 30 fois son poids d'eau.

B. Chlorure de chaux. . . . . 60 grammes.
   Eau. . . . . 1 litre.
Délayer dans l'eau et l'employer avec une brosse ou un balai.

C. Fumigation désinfectante :
   Chlorure de chaux. . . . . 1 kilogr.
   Acide chlorhydrique. . . . . 1 litre.
   Eau. . . . . 3 litres.

Ces doses sont déterminées pour une écurie de vingt-cinq à trente bêtes; on la diminue ou on l'augmente suivant l'étendue du local. On place au centre une terrine contenant les substances plus haut indiquées, on ferme la pièce, on laisse l'action se produire pendant vingt-quatre heures, après quoi on ouvre les portes et les fenêtres.

ne peuvent être allouées que pour les animaux dont l'autorité publique aura cru devoir ordonner l'abatage.

§ III. — Extension de la peste bovine.

Lorsque la peste bovine envahit à la fois une grande étendue de territoire et qu'il existe de nombreux foyers de contagion dans l'arrondissement ou le département, l'intervention de l'autorité se traduira par des mesures nouvelles, complémentaires des mesures précédentes, qu'elle maintiendra et continuera à faire appliquer, suivant l'exigence des circonstances au milieu desquelles apparaît cette épizootie.

Mais, pour rendre plus facile et plus efficace cette intervention, et pour atténuer les pertes que la peste bovine occasionne aux propriétaires, l'Administration ne s'opposera pas à la vente de la viande des animaux abattus dans la localité même. Elle permettra également le transport de cette viande au dehors, en faisant savoir qu'elle peut être consommée sans danger, à la condition qu'elle ne laissera rien à désirer sous le rapport de sa conservation. L'expérience de plus d'un siècle démontre que la chair des bêtes atteintes de la peste bovine, mais abattues avant leur mort, ne présente aucun inconvénient pour la santé publique. A plus forte raison, la viande provenant du bétail placé au milieu des foyers de la contagion peut-elle être utilisée et transportée sans le moindre inconvénient.

Lorsque la peste bovine envahit une contrée riche en bétail, l'autorité agira sagement en vue de l'extinction de cette maladie, en autorisant le commerce des animaux non malades mais exposés à le devenir, *à la condition qu'ils seront destinés à la boucherie et qu'ils seront visités à leur départ et à leur arrivée;* toutefois, cette autorisation ne devrait être accordée qu'aux acheteurs qui justifieront :

1° Que le transport pourra s'effectuer dans un court délai;

2° Que le bétail ne stationnera dans les gares que le temps nécessaire à son embarquement;

3° Que les wagons seront désinfectés, après chaque expédition,
par les soins de l'expéditeur ou par ceux de la compagnie.

Si, au début de l'invasion et alors qu'elle est localisée dans une
étable ou un petit nombre d'étables, il y a avantage, après l'abatage,
à enfouir les animaux avec la peau, il n'en est pas de même lorsque
le mal a occasionné une grande mortalité; l'enfouissement dans ce
cas offre souvent une sécurité trompeuse contre les dangers de la
contagion; il est préférable de laisser aux propriétaires la liberté de
tirer parti de leurs bêtes en les livrant aux équarrisseurs dont les établissements placés dans le voisinage permettraient de les transformer
en produits industriels. Les maires des communes dans lesquelles se
trouvent situés les chantiers d'équarrissage veilleront à l'observation
des prescriptions sanitaires relatives à ces établissements; ils défen-
dront notablement l'encombrement des cadavres et le transport des
cuirs frais et des autres issues qui n'auraient pas été au préalable
désinfectés.

Mais, pour que l'action de l'Administration soit aussi efficace que
possible, il faut que les personnes directement intéressées à la conservation du bétail lui viennent en aide et que tous les efforts soient
concertés avec intelligence pour lutter contre le mal commun qui
menace la contrée et dont l'invasion pourrait causer des pertes considérables. Vous ne sauriez trop rappeler, Monsieur le Préfet, que les
mesures édictées par les règlements ne peuvent avoir de résultat
effectif que si l'Administration est secondée par l'initiative indivi-
duelle; sans son concours persévérant et dévoué, il est à redouter
que la peste bovine ne déjoue tous les moyens mis en pratique pour
la prévenir et pour l'éteindre. Aussi vous devrez solliciter le concours
des propriétaires, des divers détenteurs d'animaux, des juges de paix,
des membres des diverses sociétés d'agriculture, des médecins, des
vétérinaires, de la gendarmerie, des gardes champêtres. Ce ne sera
pas trop du concours de tout le monde pour exercer une surveillance
active et pour empêcher, le cas échéant, les considérations d'intérêt
privé de l'emporter sur les exigences de l'intérêt public.

De ce court exposé sur la subtilité de la contagion de la peste bovine et sur les dangers de sa propagation, on peut déduire les prescriptions suivantes que vous ne sauriez trop recommander à l'attention des propriétaires.

Ces prescriptions consistent :

1° A isoler les animaux dans les étables;

2° A n'introduire dans la ferme aucune bête du dehors;

3° A suspendre la saillie qui, dans certaines localités, provoque la circulation du bétail;

4° A fermer les étables et à en interdire l'entrée à toutes personnes autres que celles préposées au soin du bétail;

5° A supprimer les pâturages quand il est possible de nourrir les animaux à l'étable;

6° Si la nécessité l'exige, à placer ceux-ci dans des pâturages clos, en ayant la précaution de les isoler autant que le permet la configuration du sol;

7° A interdire l'accès de la ferme en clôturant les passages, les routes communiquant avec les grandes voies de circulation;

8° A tenir à l'attache les chiens et à renfermer les autres animaux de ferme, les chevaux exceptés;

9° A faire visiter et à déclarer les animaux au moindre signe de maladie;

10° A prévénir l'autorité dès le début de l'existence de la peste bovine;

11° A faire tuer et à faire enfouir les premières bêtes atteintes et celles qui ont eu avec elles des rapports de contact;

12° A placer dans un isolement complet le bétail que les propriétaires, en raison de sa valeur comme reproducteur, désirent conserver et traiter en vue de la guérison.

En résumé, *fermer toutes les voies ouvertes à la contagion :* voilà le but qu'il faut poursuivre et qu'on peut atteindre avec de la prudence et de la volonté.

Dans les circonstances pénibles que traverse le pays, votre dévouement et votre sollicitude ne sauraient faire défaut à une mission aussi importante. Veuillez, je vous prie, Monsieur le Préfet, me tenir au courant de tous les faits qui peuvent se produire, et me renseigner sur la marche du mal, sur sa propagation et sur les mesures adoptées dans l'intérêt des populations de votre département. Je vous adresserai prochainement, à l'appui de cette instruction sommaire, plusieurs exemplaires d'une instruction plus détaillée, préparée par la commission des épizooties. Je vous recommanderai de la distribuer entre les associations agricoles, les vétérinaires et les éleveurs intéressés à connaître les caractères distinctifs de la maladie.

Recevez, Monsieur le Préfet, l'assurance de ma considération très-distinguée.

Le Ministre de l'agriculture et du commerce,

LAMBRECHT.

Versailles, le 23 novembre 1871.

Poursuites à exercer pour infractions aux lois et règlements sur la police sanitaire.

Monsieur le Préfet, parmi les causes les plus actives de la propagation de la peste bovine, il faut placer en première ligne la circulation et le commerce clandestin du bétail.

Les détenteurs sont trop enclins à enfreindre les dispositions qui prescrivent la séquestration des bestiaux dans les communes infectées, et, d'autre part, des marchands ne se font pas scrupule d'y acheter des animaux à vil prix, pour les vendre ailleurs avec un bénéfice scandaleux, au risque de répandre la contagion partout où ils seront conduits.

Un pareil trafic peut causer les plus graves préjudices à la fortune publique, et ceux qui s'y livrent doivent être recherchés et déférés impitoyablement à la justice.

Il est nécessaire que, quelles qu'elles soient, les infractions aux lois et règlements sur la police sanitaire soient réprimées avec la dernière rigueur. La coupable avidité des uns, l'incurie des autres, font aux tribunaux un devoir de se montrer inflexibles et d'infliger les peines les plus sévères, afin d'inspirer une crainte salutaire aux premiers et de secouer l'apathie des seconds.

Mais, si la simple violation des règles sanitaires ne peut donner lieu qu'à l'application des pénalités écrites dans la loi, il n'en est pas de même lorsqu'elle a pour résultat de communiquer la maladie à d'autres animaux.

Ici, en effet, la question change de face, ou plutôt s'élargit. Au délit vient s'ajouter le dommage causé.

L'épizootie, une fois introduite dans une localité par le commerce clandestin du bétail, entraîne généralement l'abatage des animaux sur lesquels elle se propage. Mais, dans ce cas, c'est la responsabilité de l'État qui est aggravée, puisque, en définitive, c'est lui qui fait abattre les animaux contaminés et qui en rembourse le prix, en conformité de la loi du 11 juin 1866. Cependant, aux termes de l'article 1382 du Code civil, l'auteur de tout dommage doit le réparer. Cette disposition peut être invoquée en l'espèce, et, comme c'est l'État qui subit réellement le dommage causé par l'introduction frauduleuse d'animaux infectés, c'est à l'État qu'il appartient d'exercer son recours contre qui de droit.

Chargés de veiller aux intérêts généraux, il y a là, pour nous, une étroite obligation que nous ne devons pas négliger de remplir.

Ainsi donc, Monsieur le Préfet, toutes les fois que l'instruction établira que les délinquants ont contribué à répandre la contagion, vous voudrez bien intervenir au procès en vous portant partie civile. Vous aurez alors à développer les considérations qui précèdent, et à réclamer, au profit de l'État, des dommages-intérêts en rapport avec le nombre des animaux qu'il aura fallu abattre et la somme des indemnités à payer.

Les frais qui pourraient résulter de ces actions civiles seront nécessairement supportés par mon ministère.

Les doubles condamnations prononcées de la sorte auraient un effet moral considérable, en montrant que les coupables peuvent être atteints à la fois dans leur personne et dans leur fortune. Il conviendrait aussi de porter toutes les condamnations de cette nature à la connaissance du public, avec les noms des délinquants, par tous les moyens de publicité dont vous disposez.

J'ajouterai qu'à part l'obéissance due à la loi, il importe moins de frapper les individus que de faire des exemples capables de ramener les esprits au sentiment du devoir. Dès lors, je considère comme indispensable que la plus grande célérité soit apportée dans la répression des délits relatifs à la police sanitaire du bétail, et je vous prie, en terminant, de faire appel, dans ce but, au concours de M. le Procureur de la République.

Recevez, Monsieur le Préfet, l'assurance de ma considération la plus distinguée.

Le Ministre de l'agriculture et du commerce,

Victor LEFRANC.

Versailles, le 28 novembre 1871.

INTERDICTION absolue de tout traitement sur les amimaux atteints
de l'épizootie ou suspects de contamination.

MONSIEUR LE PRÉFET, mon administration a remarqué que dans quelques états de situation de la peste bovine, transmis, tous les dix jours, de certains départements, des animaux étaient portés comme étant en traitement ou en observation.

Je crois devoir rappeler de nouveau que ces essais de médication sont formellement interdits. Il est plus que jamais nécessaire de proscrire toute temporisation, à l'égard d'une affection si redoutable. Tout animal reconnu atteint de l'épizootie ou suspect de contamination doit être immédiatement abattu, et je vous recommande de donner les instructions les plus sévères dans votre département pour cet objet.

Recevez, Monsieur le Préfet, l'assurance de ma considération la plus distinguée.

Le Ministre de l'agriculture et du commerce,

VICTOR LEFRANC.

Versailles, le 12 décembre 1871.

*QUESTION des indemnités pour pertes de bestiaux abattus par suite
de la peste bovine. — Renvoi de pièces.*

MONSIEUR LE PRÉFET, par votre lettre du   vous
m'avez transmis les demandes présentées par des cultivateurs de votre
département, à l'effet d'obtenir l'indemnité accordée, en vertu de la
loi du 11 juin 1866, pour pertes de bestiaux abattus par suite de la
peste bovine.

En présence des exagérations remarquées par mon administration
dans les procès-verbaux d'estimation produits à l'appui de ces demandes, en raison de la persistance de l'épizootie et des sacrifices
considérables qu'elle a déjà imposés à l'État, il est devenu indispensable de prendre de nouvelles dispositions pour assurer une répar-
tition plus équitable des indemnités qu'il peut y avoir lieu d'allouer
conformément à la loi précitée.

L'administration de l'agriculture a déjà liquidé des indemnités
pour une somme d'environ 5 millions de francs, mais elle a lieu
de croire que, dans un sentiment de complaisance qu'on ne saurait trop réprouver, les autorités locales n'aient quelquefois délivré
des certificats conçus de façon à faire participer leurs administrés à
une indemnité qui ne peut et ne doit être accordée que dans les conditions spéciales déterminées par la loi de 1866 et le décret du
30 septembre 1871.

Ces fraudes deviennent un scandale, et il importe de les déjouer.
C'est le devoir de l'Administration de protéger la fortune publique
contre les manœuvres déloyales de ceux dont la conscience est assez
aveuglée pour croire que l'on peut impunément tromper l'État.

Les tendances à l'exagération dans les évaluations s'accusent de
plus en plus, et il est absolument nécessaire d'y porter remède.

Vous comprendrez, Monsieur le Préfet, que mon administration n'est pas en situation de ramener elle-même à leur véritable prix les animaux sacrifiés, soit par ignorance des circonstances locales ou de la valeur habituelle du bétail de la contrée.

Je vous prie, en conséquence, d'instituer au chef-lieu de votre département une commission spéciale chargée de reviser les demandes d'indemnités que je vous renvoie ci-jointes, et toutes celles qui vous seront adressées à l'avenir.

Cette commission sera composée de la manière qui vous paraîtra offrir le plus de garantie pour un examen attentif, consciencieux et éclairé des pièces composant chaque dossier. Elle devra se faire rendre compte, toutes les fois que cela lui semblera utile, des circonstances qui ont amené les abatages et des conditions dans lesquelles ils ont été effectués. Les estimations seront examinées avec soin, mais la commission devra surtout s'appesantir sur la constatation de l'abatage, et uniquement de l'abatage pour cause de peste bovine. Il est arrivé, en effet, bien souvent que, malgré l'injonction adressée aux détenteurs d'animaux malades ou suspects, cette mesure n'a pas été exécutée. Les sujets ont été abandonnés à eux-mêmes, et ils ont succombé naturellement aux suites de la maladie ; cependant on n'en réclame pas moins une indemnité en produisant l'ordre délivré par le maire. Il y aurait lieu de craindre encore que l'on ne fît abattre, sous prétexte de peste bovine, des animaux atteints de toute autre maladie jugée incurable.

La loi du 11 juin 1866, vous le savez, n'a pas pour but de couvrir les sinistres causés par l'épizootie de peste bovine. Son objet unique est de compléter les dispositions légales de police sanitaire applicables à cette épizootie, en fixant la quotité de l'indemnité à accorder au propriétaire dont l'animal a été sacrifié dans une mesure d'intérêt commun. Pour que l'indemnité soit acquise, il faut donc de toute nécessité que les conditions qui y donnent droit aient été remplies.

On ne peut admettre, par exemple, qu'un propriétaire laissant la maladie se développer sur ses animaux, sans en faire tout d'abord la déclaration au maire, serait fondé à invoquer les dispositions de la loi en vue d'obtenir une indemnité, si l'autorité vient à faire abattre ses animaux pour éteindre un foyer d'infection qui constitue un danger public. Bien plus, par le fait de sa négligence, ce propriétaire a pu contribuer à l'extension du mal contagieux. Au lieu d'avoir droit à une indemnité, il serait passible de poursuites judiciaires, s'il était démontré qu'il a aggravé les charges de l'État, en communiquant la maladie aux bestiaux du voisinage.

C'est dans cet esprit que la commission devra procéder à ses opérations. Lorsqu'elle rencontrera quelques difficultés, elle voudra bien en tenir note, et je vous prierai de joindre ses observations aux dossiers auxquels elles se rapporteront.

Je vous serai obligé, d'ailleurs, de faire parvenir à mon administration, après le travail de la commission, toutes les pièces en les accompagnant d'un bordereau en double expédition dressé dans la forme ordinaire.

Recevez, Monsieur le Préfet, l'assurance de ma considération la plus distinguée.

Le Ministre de l'agriculture et du commerce,

Victor LEFRANC.

www.ingramcontent.com/pod-product-compliance
Ingram Content Group UK Ltd.
Pitfield, Milton Keynes, MK11 3LW, UK
UKHW022344130726
13694UKWH00006B/1180